शब्दों के
दिग्विजय

शब्दों के दिग्विजय

राजकुमार दिग्विजय

वाणी प्रकाशन
प्रकाशन के उत्कृष्टतम 62 वर्ष

सजिल्द पहला संस्करण : 2025

vaniprakashan.com

वाणी प्रकाशन

4695, 21-ए, दरियागंज, नयी दिल्ली-110 002

फ़ोन : + 91 11 23273167, 23275710

शाखाएँ

अशोक राजपथ, पटना-800 004, बिहार

कॉफ़ी हाउस कैम्पस, महात्मा गांधी मार्ग, प्रयागराज-211 001, उत्तर प्रदेश

महात्मा गांधी अन्तरराष्ट्रीय हिन्दी विश्वविद्यालय, वर्धा-442 001, महाराष्ट्र

sales@vaniprakashan.in
vaniprakashan@gmail.com

Shabdon Ke Digvijay
by Rajkumar Digvijay

ISBN : 978-93-7112-303-7

मूल्य : ₹ 395

आर.के. ऑफ़सेट, दिल्ली-110 032 में मुद्रित।

वाणी प्रकाशन का लोगो मक़बूल फ़िदा हुसैन की कूची से

सन्देश

हमारे प्रिय राजकुमार दिग्विजय एक समर्पित और संकल्पित अधिकारी थे। उनकी सहजता और सरलता उनकी प्रतिबद्धता को एक अनूठा आयाम देती थी। उनका कार्यालयी जीवन उनके प्रेरक व्यक्तित्व की वो छाया थी जिसका व्यक्तिगत स्तर पर अनुभव कर पाना गौरव का विषय था और अब उनके रचनात्मक लेखों के संग्रह *शब्दों के दिग्विजय* को पढ़ने के उपरान्त, उनके व्यक्तित्व के बारे में मेरी समझ को सम्पूर्णता मिली है, समृद्धता का एक नया आयाम मिला है।

उनके व्यंग्यात्मक लेखों का ये संकलन खाँटी मनुष्य के तौर पर, अपने देश, काल, वातावरण के प्रति एक संवेदनशील आत्मा के तौर पर राजकुमार दिग्विजय के व्यक्तित्व की विराटता का बयान है। प्रसिद्ध शायर दुष्यन्त का एक शेर है–

वो आदमी नहीं है मुकम्मल बयान है,
माथे पे उसके चोट का गहरा निशान है।"

राजकुमार दिग्विजय की चेतना ने अपने समय के माथे की हर चोट को पहचाना है। उनकी नज़र समाज के हर वर्ग पर है, हर ज्वलन्त समस्या पर है, हर समकालीन विमर्श पर है। आसपास के परिवेश में फैले विद्वेष से लेकर, अन्तरराष्ट्रीय गोलबन्दियों में व्याप्त प्रपंच पर चोट करने से उनकी क़लम कतराती नहीं है। अपने समय की तमाम विसंगतियों पर व्यंग्य करते हुए,

वो एक ऐसी चेतना का निर्माण करते हैं जिसे आप मानवीय मूल्यों से लेकर प्रगतिशील मूल्यों का श्वेत पत्र कह सकते हैं। मानव जीवन में आधुनिक वैज्ञानिक युग और बाज़ार के गठजोड़ के हस्तक्षेप पर भी उन्होंने अपनी आँखें तरेरी हुई हैं।

ये सोचकर मैं आज और भी गौरवान्वित महसूस कर रहा हूँ कि जिस राजकुमार दिग्विजय को मैं एक समर्पित अधिकारी के तौर पर जानता था, वो एक संवेदनशील नागरिक के तौर पर अपने समाज के लिए किस हद तक चिन्तनशील थे। उनके भीतर सर्व समाज के व्यापक हित की कामना थी, जिसकी वजह से वो अक्सर अपने समय की कलाई थाम कर तमाम सन्दर्भों में उसकी नब्ज़ टटोलने की कोशिश करते। आदर्श नागरिक यही तो है–कार्यालय सरीखी पेशेवर प्रतिबद्धताओं से आगे जाकर अपने देश, काल, वातावरण के प्रति सक्रिय हो। राजकुमार दिग्विजय का ये संग्रह इसी की एक मिसाल है और मुझे विश्वास है इसे समाज द्वारा एक मॉरल कम्पास के तौर पर आत्मसात किया जायेगा।

मैं पुन: उनकी स्मृति को, उनकी जीवन यात्रा को नमन करता हूँ और इस पुस्तक की सफलता की हृदय से कामना करता हूँ।

(गिरिराज सिंह)

(वस्त्र मन्त्री, भारत सरकार)

दो शब्द

सक्रियता में ही जीवन धर्म के निर्वहन का सौन्दर्य है। भौतिक सक्रियता में जब सचेतनता का योग होता है, तब सक्रियता का जो स्वरूप सामने आता है वो समस्त मानवी के लिए हितकर होता है। राजकुमार दिग्विजय सक्रिय भी थे और सचेतन भी। यह पुस्तक उनकी सक्रियता और चेतना की संवेदनशीलता के संगम का प्रमाण है।

मनुष्य जब 'स्व' की सीमाओं को लाँघकर, व्यस्तता की दलीलों से किनारा करते हुए, अपने समाज को टटोलने लगता है, उसकी समस्याओं पर चिन्तनशील हो उठता है, तो उसकी संवेदनशीलता का चैतन्य, चिन्तन की एक ऐसी धारा की नींव रखता है जिसमें समय अपने यथार्थ के तमाम रंगों के साथ गूँज उठता है। राजकुमार दिग्विजय के लेख अपने समय का एक महत्त्वपूर्ण दस्तावेज़ हैं।

महामारी, कृत्रिम बौद्धिकता, एंटीबायोटिक रेजिस्टेंस जैसे अति समसामयिक विमर्शों के साथ किसान, मज़दूर और सर्वसाधारण मनुष्य की तमाम समस्याओं के साथ जुड़ने और जूझने की उनकी चेष्टाएँ उनके व्यक्तित्व के 'कबीर' पक्ष का बयान है।

भारतीय राजस्व सेवा के एक प्रतिबद्ध अधिकारी होने के साथ-साथ वो एक निहायत चिन्तनशील मनुष्य थे और उनका अपने 'लोक' से गहरा जुड़ाव था। शायद इसलिए अपने समय की हर टीस उन्हें अपने भीतर महसूस होती और

उस पर उनका व्यंग्य संस्कार चोट करता था। मुझे विश्वास है कि राजकुमार दिग्विजय के आलेखों का ये संग्रह अपने समय और समाज को तमाम सन्दर्भों में सूचित करेगा, सचेत करेगा, और मनुष्यत्व का संस्कार देगा।

मैंने व्यक्तिगत स्तर पर उनकी जिस कर्मठता और प्रतिबद्धता का अनुभव किया था, ये पुस्तक भी, एक कृति के रूप में मुझे उनके समृद्ध व्यक्तित्व की एक छाया का ही आभास दे रही है। मैं इस पुस्तक की सफलता हेतु अनन्त शुभकामनाएँ अग्रेषित करता हूँ और यह आशा करता हूँ कि राजकुमार दिग्विजय जी का चिन्तन तमाम दिशाओं में अपने आलोक से एक नये प्राण का संचार करे।

छबील कुमार मेहेर

उपनिदेशक-कार्यान्वयन,

क्षेत्रीय कार्यान्वयन कार्यालय, उत्तर,

राजभाषा विभाग, गृह मन्त्रालय, भारत सरकार

अनुक्रम

खण्ड-1

चोट और चिन्तन

खण्ड-2

सोच-विचार

खण्ड-3

डायरी के पन्नों से

खण्ड-4

कोविड की 'काल' कोठरी से

खण्ड-5

यादों के बहाने...

भूमिका

देखते सब हैं। कुछ देखकर चल देते हैं, कुछ देखकर देखते नहीं, कुछ देखकर न देखने को अभिशप्त हैं, कुछ देखकर बोल देते हैं, और कुछ ऐसे हैं जो देखकर लिख देते हैं। लिखा तो ज्ञान मुद्रा में भी जा सकता है–किसी दार्शनिक की तरह। पर दर्शन पर शरद जोशी ने एक दफ़ा लिखा कि दर्शन उन्होंने इसलिए नहीं लिखा कि वो लिखेंगे तो कोई पढ़ेगा नहीं। सही बात है। ज्ञान पहले ही बहुत है। तो कुछ लिखने वाले ऐसे होते हैं कुछ इस तरह लिखते हैं कि चोट पड़ जाये। ज़ख़्म उतना ही हरा दिखे, जितना वो है या उससे भी अधिक। वो चोट करते हैं कि हमारी आत्मा कठघरे में ख़ुद को खड़ा पाये और हर उस प्रश्न का जवाब दे, जिसके उत्तर से बच निकलना हमारी आदत हो गयी और ऐसी आदतों की श्रृंखला को ही हम जीवन का नाम दे बैठे हैं। राजकुमार दिग्विजय के व्यंग्य लेखों का ये संग्रह, ऐसे लेखों का संग्रह है जो अपने तेवर में, जीवन के तमाम सन्दर्भों में हम पर आँखें तरेरता हुआ, एक व्यक्ति और समाज के तौर पर हमें कठघरे में खड़ा करता है, हमें अपनी जवाबदेही में ईमानदार बनाता है और सचेत करता है।

विधा के तौर पर व्यंग्य-विसंगति, विडम्बना और विद्रूपता का संगम है। अपने देश, काल, वातावरण में इन तीनों ही तत्त्वों को देख पाना, और देखने के बाद इसे अनुभूति के स्तर से अभिव्यक्ति तक ले जाना, किसी कठोर साधना की परिणति है। और यह साधना महज़ शब्दों की साधना नहीं है, ये साधना सचेतन, और सतर्क दृष्टि को हासिल करने की साधना है। राजकुमार दिग्विजय निरन्तर अपने परिवेश को टटोलते हुए देखे जा सकते

हैं। उनकी सतर्क दृष्टि बहुआयामी है, उनकी वैचारिकी मारक है और उनकी प्रतिबद्धताएँ स्पष्ट हैं। वो किसी भी विषय पर बीच की स्थिति में नहीं हैं। वो हर तिलिस्म को भेदना जानते हैं। वो जानते हैं कि "कंक्रीट की स्थापत्यकला को सभ्यता का उत्कर्ष" बताने वाले बधाई के पात्र नहीं हो सकते, वो जानते हैं कि एंटीबायोटिक दवाइयों को लोकप्रियता के उत्कर्ष तक ले जाने के पीछे कौन-सा नेक्सस सक्रिय है, वो जानते हैं कि "जिन्होंने शान्ति और मानवीयता की दुकान खोल रखी है, उसी के तहख़ाने में हथियार भी बिकते हैं।" वो अस्तित्व के बदलते 'फुटप्रिंट' की त्रासदी पहचानते हैं शायद इसीलिए लिखते हैं, "पक्षियों के घोंसले उजाड़ने वाला आदमी ख़ुद घोंसले में रहने के लिए मजबूर है।"

और सबसे बड़ी बात ये है कि वो अपने समय की तमाम समस्याओं पर चोट कर विश्राम नहीं लेते। बल्कि वो अपने एक ख़ास कहानीपन के साथ पाठकों से और जुड़ना चाहते हैं–"चलिए आपको बुख़ार की कहानी सुनाना चाहता हूँ।" और ऐसी कहानियों के बहाने वो पाठक को अपने तर्कलोक में ले जाते हैं जिसका निर्माण न केवल अपने समय के अनुभवों में व्याप्त विसंगतियों से हुआ है बल्कि शास्त्र और लोक के साथ-साथ विज्ञान, आयुर्विज्ञान, अर्थशास्त्र आदि प्रासंगिक विषयों की स्थापनाओं से भी हुआ है। ये कहना ग़लत नहीं होगा कि उनके दृष्टिबोध का निर्माण शास्त्र और लोक के अद्‌भुत संयोग का परिणाम है। एक ही समय पर वो अपने समय पर चोट करते हुए भोजपुरी आँचल के सामान्य कमेंटेटर भी लगते हैं और एक विषय के प्रबुद्ध विद्वान भी। शायद इसलिए उनकी भाषा कभी अत्यन्त ठेठ हो जाती है, तो कभी अत्यन्त व्यवस्थित और परिनिष्ठित।

उनकी चिन्ताएँ जहाँ सर्वजन और अन्तिम जन की चिन्ताएँ हैं वहीं उसमें परम्परा की जड़ताओं से लेकर, वैश्विक समाज के समक्ष समकालीन वैज्ञानिक संस्कृति से उपजे संकट के स्वर भी हैं। किसान, देहाड़ी मज़दूर, छात्र, मरीज़ की समस्याओं से होते हुए वो जाति व्यवस्था जैसे पारम्परिक विमर्श पर दलीलें तो देते ही हैं, पर साथ ही आधुनिक दौर की छायाओं जैसे कि आर्टिफ़िशियल इंटेलीजेंस, जेनेटिक इंजीनियरिंग, डिजिटल अरेस्ट, वैक्सीन विमर्श, जल संकट आदि से भी वो संघर्ष करते हुए दिखाई पड़ते हैं।

अपनी सम्पूर्णता में राजकुमार दिग्विजय के लेखों का ये संग्रह अपने समय का एक महत्त्वपूर्ण दस्तावेज़ है जो व्यक्ति, समाज, और संस्थाओं की संज्ञाओं को एक तमीज़ देता है, एक संस्कार देता है, संवेदनशीलता और ज्ञान के नये आयामों से जोड़ता है। हरिशंकर परसाई ने लिखा कि व्यंग्य जीवन से साक्षात्कार करता है, मिथ्याचारों और पाखण्डों का पर्दाफ़ाश करता है। इस संग्रह में समाहित किये गये व्यंग्य इसी परम्परा में एक समृद्ध योग हैं। संग्रह में समाहित किये गये लेखों की एक श्रृंखला है जो तमाम विषयों पर वैचारिकी को एक नयी दिशा देती है।

कुँवर नारायण ने लिखा, "अबकी बार लौटा तो हताहत नहीं, सबके हिताहित को सोचता, पूर्णतर लौटूँगा।" राजकुमार दिग्विजय के लेखों को पढ़ते हुए, आप हताहत भी होते हैं और उसके उपरान्त मनुष्यत्व के 'हिताहित' खड़े होने का बोध और सामर्थ्य भी जुटा पाते हैं। यही उनकी सिद्धि है और उनको पढ़ते हुए इसी सिद्धि का उत्सव मनाया जाना चाहिए। उनके इस संग्रह के माध्यम से देश, काल, वातावरण की कुछ जीवन्त आहटों को पाठक समाज को सौंपा जा रहा है। मुझे आशा है कि इसे अपने समय की धरोहर के रूप में स्वीकारा जायेगा।

–एन. के. झा

स्मृति शेष

जो सबको साथ लेकर चलते थे,
पूरी कायनात लेकर चलते थे,
अपने बैच के सूत्रधार थे ,
विभाग में परिवार थे,
और परिवार में संसार थे,
यारों के यार थे,
व्यवहार में निर्विकार थे
फकीराना तबियत थी उनकी ,
बहुत बेबाक लहज़ा था,
मुस्कुराना फितरत थी उनकी,
बहुत शफ्फाक कलेजा था...
दिग्विजय के शख्सियत में
एक इत्मीनान था,
वरिष्ठों के लिए सम्मान था,
और विभाग पर अभिमान था;
काम करने लगे तो करते रहें,
शिद्दत से, लगन से...
बात करने लगें तो करते रहें,
रूबरू हों,या फोन से...
और अचानक दिग्विजय चले गए, अकेले,
अनंत मौन की यात्रा पर...
अब उनके फोन नहीं बजेंगे,
गप्पों का वो दौर नहीं चलेगा...
लेकिन अपने पद चाप की अमिट छाप जो
हमारे मानसपटल पर छोड़ गए हैं
वो कभी मिट नहीं सकती....
दिल में हैं दिग्विजय,
जब ज़रा गर्दन झुकाई,
देख ली !!

—आलोक झा
प्रधान आयुक्त, मुंबई सीमा शुल्क

"आज कुछ और याद आया नहीं,
मुसलसल तेरी याद आती रही;
सूखी आंखों में कोई अश्क नहीं,
हिचकियां फिर भी आती रहीं।"

—श्री आलोक शुक्ला
पूर्व सदस्य , सी.बी.आई.सी

खण्ड-1

चोट और चिन्तन

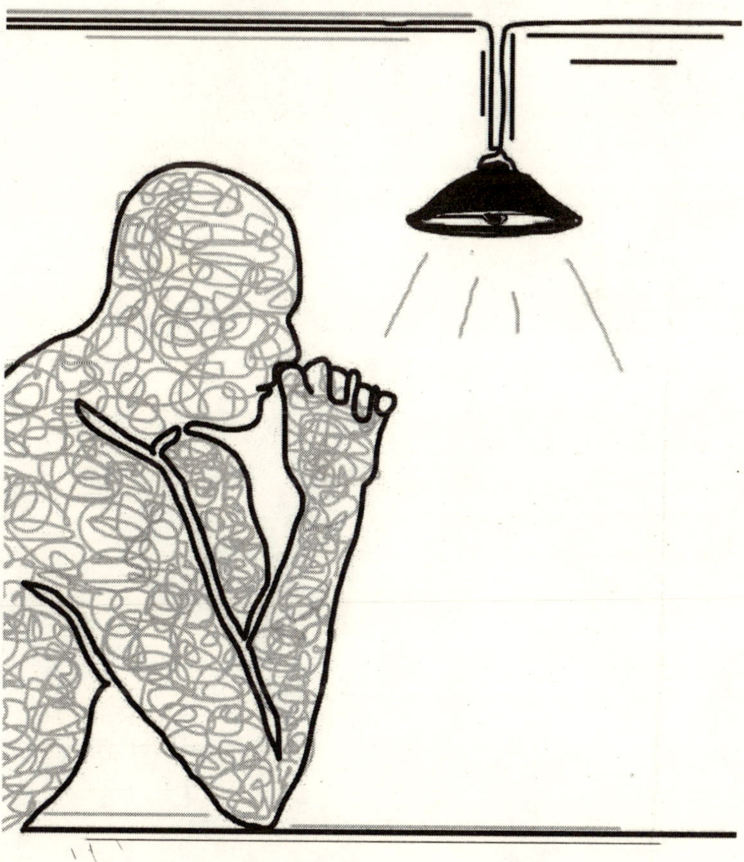

विकास या विनाश

सूर्य का तापमान एक रत्ती भी नहीं बढ़ा है लेकिन तपती धरती के लिए लोग सूर्य को दोष दे रहे हैं। प्रकृति कभी भी कुरूप नहीं थी लेकिन कंक्रीट की स्थापत्यकला को सभ्यता का उत्कर्ष समझने वाले मनुष्य ने आज पूरी धरती को ही कुरूप बना दिया है। ताप के शाप से सभी जीव मर रहे हैं। फिर भी काग़ज़ से नाक पोंछने के लिए पेड़ काटने वाले लोग समाज के ध्वजवाहक हैं।

कंगूरे पर बाँधकर लाउड-स्पीकर से प्रवचन करने वाले तथा कर्कश डीजे से सुमधुर भजन सुनने वाले लोग कट्टर धार्मिक हैं। प्रकृति की विविधताओं को ऐशो-आराम के नाम पर ख़त्म करने वाला और सभी को ख़तरे में डालने वाला इन्सान, आज एक-दूसरे को शैतान बता रहा है। अगर आपको वैसे लोग नज़र आयें जो इक्कीसवीं सदी वाली सोच रखते हैं, जो प्रपंच को प्रवचन और ठगी को प्रबन्धन मानते हैं तो आप उनको बुद्धिमान मान सकते हैं। और प्रकृति के शाश्वत नियमों को मानने वालों को गँवार और मूर्ख समझा जाता है। जिनकी निष्ठा प्रकृति के साथ और जिनका धर्म जीवों के साथ जीना है, जो सूर्योदय से सूर्यास्त के बीच अपना जीविकोपार्जन करते हैं, जिन्हें अत्याधुनिक काल के बेतरतीब विकास में विनाश दिखता है, जो धरती को माँ मानते हैं और माँ के धरोहरों की लूट से जिन्हें पीड़ा होती है, जो प्रभु की सत्ता में भरोसा कर अन्य जीवों के जीवन को मनुष्य के जीवन के जितना ही ज़रूरी मानते हैं। जिनमें अन्य मनुष्यों को दास या अनुचर बनाने की ना इच्छा है ना क्षमता, उन्हें आप बेवकूफ़ समझ सकते हैं।

मूर्ख व्यक्ति को उसके रंग-ढंग और चाल-ढाल के आधार पर पहचानना मुश्किल है। कौन मूर्ख है या नहीं है इसकी गणना बहुत ही मुश्किल है।

परमाणु बम बनाने वाले और कृत्रिम दिमाग़ युक्त कम्प्यूटर बनाने वाले कपटी वैज्ञानिकों में कौन बड़ा मूर्ख है? यह अन्तर बता पाना मुश्किल है। काहिली को प्रोत्साहित करने वाले दूर दृष्टिदोष वाले लोग तत्काल आराम के सामान का ईजाद करने में व्यस्त हैं। पिछले 100-200 सालों में ही तो होशियार लोग पैदा होना शुरू नहीं हुए हैं?

विनाशकारी विकास के इस दौर में एक प्रश्न सहज ही दिमाग़ में उमड़-घुमड़ रहा है कि हज़ारों सालों तक मनुष्य को इतनी सारी विनाशकारी तकनीकों के विकास का इल्म क्यों नहीं हुआ! ज़ाहिर है यह बात अगर समझ में आ जाए तो नश्वर शरीर वाला मनुष्य सशरीर स्वर्ग की कल्पना को फलीभूत करने के पागलपन से मुक्त हो जायेगा और जुगाड़ वाली जीवन पद्धित के कुकुरमुत्ताकरण से बच जायेगा।

रामबाण

मन्त्रालय के ख़ुशनुमा माहौल में मधुमेह का होना और रक्तचाप का बढ़ना काफ़ी आम बात है। इन बीमारियों की ख़ासियत यह है कि इनके प्रकट होने की तिथि, पड़ोसी अतिथि की तरह अनिश्चित भी है और बारम्बार भी। अगर एक बार आप इनका सान्निध्य पा जायें तो इनके मुरीद हो जायेंगे। ये जीवन भर आपका साथ नहीं छोड़ते।

सरकारी बाबुओं को तो इन बीमारियों का अद्यतन विवरण हर दम तैयार रखना पड़ता है। बॉस के प्रकोप से बचने में इनकी उपस्थिति रामबाण का काम करती है। इनके सहारे आप किसी भी समय आकस्मिक अवकाश पर जा सकते हैं। आप किसी भी अवकाश को चिकित्सा छुट्टी में बदल सकते हैं। इतना ही नहीं, रक्तचाप की मदद से आप बॉस को भी भरपूर गाली दे सकते हैं। मधुमेह तो मलाईदार पद पर बैठे बाबुओं के लिए मधु से ज़्यादा फ़ायदेमन्द है। यह धन के आमद और व्यय में सामंजस्य बनाये रखता है।

मधुमेह और रक्तचाप, शायद बीसवीं सदी के चिकित्सकों का सबसे बड़ा चमत्कार है। इन बीमारियों ने सारे चिकित्सकों को आत्मनिर्भर बना दिया है। अब किसानों की तरह डॉक्टरों को मानसून पर निर्भर नहीं रहना पड़ता। डेंगू, चिकनगुनिया, मलेरिया जैसी बीमारियों का योगदान बेशक डॉक्टरों का सामाजिक दबदबा बढ़ाने के लिए महत्त्वपूर्ण है। लेकिन इनमें इतनी कूबत नहीं कि ये डॉक्टरों के घर कुबेर का एक स्थायी दफ़्तर खोल दें।

आवृत्ति और आमदनी दोनों के हिसाब से कोई अन्य बीमारी इस सदी के महानायकों का मुक़ाबला नहीं कर सकती। बिना किसी जोखिम के एक औसत बुद्धि का डॉक्टर भी केवल इनकी ही मदद से अपनी जीविका आसानी

से चला सकता है। पुर्जा लिखना भी काफ़ी आसान है "thrice a day, continue till death, visit every week without fail."

ये उन्हीं लोगों को अपनी चपेट में लेते हैं, जिनके पास सतत आय का स्रोत है। वकील, व्यापारी, डॉक्टर और वे सभी लोग जो बिना मेहनत के ज़्यादा मुनाफ़ा कमाने में लगे रहते हैं, उनकी दोस्ती इनसे अतिशीघ्र हो जाती है। जेलवासी जनता के सेवकों के लिए तो ये जमानत से कम नहीं। इनकी विश्वसनीयता पर कोई न्यायाधीश भी प्रश्नचिह्न नहीं लगा सकता।

समता मूलक समाज बनाने में इनका योगदान किसी से कम नहीं है। समाज का एक तबका जो कि अमीरी से त्रस्त है और जिनका कंजूस दिल उन्हें सत्कर्म में धन ख़र्च करने से रोकता है, उनके लिए तो मधुमेह और असन्तुलित रक्तचाप मुक्ति का मार्ग है। मेरा तो मानना है कि इन्हें अतिशीघ्र वैश्विक धरोहर घोषित कर देना चाहिए।

तब और अब

रिजल्ट की गुप्त सूचना सीधे अभिभावक को देने का चलन 21वीं सदी की एक बड़ी त्रासदी है। बच्चों का अंक बच्चों को बताने के बजाय सीधे अभिभावक तक उसकी डायरेक्ट डिलीवरी मेरी समझ से पूरी तरह से नाइन्साफ़ी है। पहले सबका रिजल्ट सबको पता चलता था। मुन्ना, टुन्ना, चिंटू, पिंटू सभी पड़ोसी बच्चों के अंक पापा-मम्मी को पता चलते थे और ज़्यादातर माँ-बाप तुलनात्मक तराज़ू पर रिजल्ट को तौल कर सुकून महसूस करते थे।

पहले के अध्यापक बच्चों को ठोक-ठाक, डाँट-डपट कर अपनी भड़ास निकाल लेते थे। घर तक सारा सन्देश बच्चे अपने हिसाब से पहुँचाते थे। लेकिन स्कूल अब बेरहम हो गये हैं। आज स्कूल के मास्टर जी बच्चों को तो कुछ कह नहीं पाते लेकिन अज्ञानी अभिभावकों के कान भर कर बच्चों को पेट भर डाँट सुनवाते हैं।

आज के माँ-बाप अपने बच्चों से वैसे पेश आते हैं जैसे इनकी दुनिया में एंट्री इंटरवल के बाद हुई है। इंटरनेट पर मिले सारे ज्ञान का डोज़ एक ही दिन में पिला देते हैं। कुछ अभिभावक बच्चों का मोबाइल तो छीन लेते हैं लेकिन ख़ुद रील बनाकर बच्चों को अनुशासित करने का तरीक़ा पोस्ट करते रहते हैं।

ज़्यादातर अभिभावकों के लिए बचपन में मक्खी, मच्छर, कौवा जैसे विकर्षण (distractions) के अलावा पढ़ने का कोई और कारण नहीं था, फिर भी मास्टर जी की छड़ी-डस्टर की ज़द से कभी बाहर नहीं निकल पाते थे। रोज़ पिटते थे। इसके बावजूद 18-19 का पहाड़ा विरले किसी को कण्ठस्थ हो पाता था। परीक्षा अग्निपरीक्षा से कम नहीं लगती थी और रिजल्ट के दिन बुख़ार होने का नाटक करते थे। प्रथम श्रेणी (60 फ़ीसदी) वाले विद्यार्थी के घर तो रिजल्ट के दिन ही अगली सत्यनारायण भगवान की कथा का दिन तय हो जाता था।

आज ट्विटर, इंस्टा और तमाम सोशल मीडिया के होने के बावजूद 60-70 फ़ीसदी अंक लाने वाला विद्यार्थी भी समाज से मुँह छिपाते फिरता है। डॉक्टर, इंजीनियर बनने की पात्रता परीक्षा के लिए एग्जाम सेंटर पर क़ैदी के लिबास में जाना पड़ता है। रिजल्ट के दिन ज़्यादातर विद्यार्थियों को समाज और परिवार मुजरिम करार देता है। सीट नियत है। यह आपके पढ़ने या न पढ़ने से घट-बढ़ नहीं सकती। इसलिए 20-25 लाख लोगों में से कुछ हज़ार बच्चों के माता-पिता की ही इज़्ज़त बच पाती है।

हद तो तब हो गयी जब अपने समय के एक मशहूर नेताजी ने 60% अंक लाने के बावजूद अपने बेटे को एक चाँटा रसीद कर दिया और कुपित होकर बोले थे—पढ़ते समय मेरी हैसियत का ख़याल तो कर लेते! मैं अब समाज में अपना कौन-सा मुँह दिखाऊँगा?

बच्चा रोते-रोते बोला—काश पापा! अगर आज आपकी यह हैसियत नहीं होती तो मैं भी कम अंक लाने के बावजूद अपनी हैसियत बनाने वाले हौसले को क़ायम रख पाता। क्या ज़माना आ गया है? पुराने समय में मन्दबुद्धि बालकों को भी कमलेश (डबल लेस) जैसी उपाधि से सम्मानित किया जाता था। लेकिन आज कुशाग्र बुद्धि बच्चों को भी nature को नटूरे और future को फूटुरे जैसे उचित उच्चारण करने पर भी डम्ब और डफर की श्रेणी में डाल दिया जाता है।

घोर कलियुग आ गया है। हिन्दी भाषी बच्चों को तो 'मैकाले' की आत्मा से प्रतिदिन जूझना पड़ता है। बच्चों को एक दल बनाकर अंग्रेज़ी स्कूल में फ्रेंच को अनिवार्य कराने की मुहिम छेड़नी चाहिए। साथ में यह माँग भी करनी चाहिए कि हिन्दी भाषी बच्चों को अंग्रेज़ी के लिए जितना जलील किया जाता है कम से कम उसका आधा भी अंग्रेज़ी भाषी बच्चों को फ्रेंच के लिए जलील किया जाना चाहिए।

10वीं और 12वीं का रिजल्ट आने वाला है और कुछ बच्चों का आ भी गया है। जब भी अपनी अपेक्षा के अनुरूप अंक देखने के लिए लालायित माँ-बाप आक्रामक हों तो मेरा यह लेख उनको पढ़वाइये। हो सकता है मैकाले की प्रेतात्मा शान्त हो जाय और आपको ख़ुद अपने रिजल्ट पर आत्मचिन्तन करने का अधिकार मिल जायेगा।

मास्स साब

मनमन्दिर का दरवाज़ा खोलने के लिए स्नेह और प्रेरणा की चाभी का इस्तेमाल किया और सारी शरारतों के बावजूद डंडे-डस्टर का इस्तेमाल केवल पढ़ाने के लिए किया।

मास्स साहब (मास्टर साहब) ने दोपहर के भोजन की गरिष्ठता की वजह से निद्रासन में चले जाने को अनुशासन से कभी नहीं जोड़ा।

अपनी फटी-पुरानी नोट को क्लास में लिखवाया ज़रूर, लेकिन पढ़ने के लिए मजबूर नहीं किया।

उनके नहीं पढ़ाने या मेरे नहीं पढ़ने की वजह से जो अंकस्फीति आयी उसकी वजह से मेरा अंक बैलेन्स कभी कम नहीं होने दिया।

शिकायत की लेकिन केवल मुझसे। पिता जी और साथियों के सामने हर बार मेधा प्रमाण-पत्र जारी किया। भविष्य की सम्भावित दुश्वारियों को पहले ही आगाह कर दिया और अपने वर्तमान का एक बड़ा हिस्सा मेरे भविष्य में निवेश कर दिया।

ईश्वर उनको स्वस्थ और दीर्घायु बनाये रखें। यही परमपिता परमेश्वर से प्रार्थना है।

मनुष्य की विदाई, उत्सव या शोक

कोई मरना नहीं चाहता है। बात भी सही है। मरे मेरा दुश्मन, मैं क्यूँ मरूँ?

लेकिन मोटिवेशनल स्पीकर से लेकर बाबा तक सभी यही कहते हैं कि जियो ऐसे जैसे यही आख़िरी पल है। लेकिन सभी जीते ऐसे हैं जैसे उनका आख़िरी पल तो कभी आयेगा ही नहीं।

युधिष्ठिर ने यक्ष को भी यही जवाब दिया था :

अहन्यहनि भूतानि गच्छन्तीह यमालयम्।
शेषाः स्थावरमिच्छन्ति किमाश्चर्यमतः परम्।।

प्रतिदिन ही लोग परलोक की यात्रा करते हैं लेकिन बचे हुए लोग अनन्त काल तक यहाँ रहने की इच्छा करते हैं। इससे बड़ा आश्चर्य क्या हो सकता है! पेट में ही बच्चा लात मारना शुरू कर देता है। लेकिन इच्छा तो यही है कि स्ट्रेचर और व्हीलचेयर पर ही सही, लेकिन हम जियें हज़ारों साल और बाल बुतरू (बाल-बच्चे) सेवा करते रहें।

यस्य पुत्रो वशीभूतो भार्या छन्दानुगामिनी।
विभवे यश्च सन्तुष्टस्तस्य स्वर्ग इहैव हि।।

चाणक्य बाबा कह कर गये हैं कि अगर बाल-बच्चा आपके हिसाब से काम करे तो आपको आनन्द के लिए स्वर्ग जाने की ज़रूरत नहीं। इसका मतलब यह है कि वयस्क होते ही दूसरी पीढ़ी पहली पीढ़ी को रिटायर कर देती है और मृत्युलोक में स्वर्ग की कामना अपवाद है।

सत्य जानते हुए भी मनुष्य क्या-क्या जतन नहीं करता है? कहा भी गया है—मरता क्या नहीं करता?

जैव अनुसन्धान मरने से रोकने के संसाधन या सभी को मारने वाले जीवों के विकास में काफ़ी तरक़्क़ी कर गया है। जीवनदायिनी दवाएँ हों या प्रकृत प्रतिघातिनी रसायन, सभी मनुष्य के जीवनचक्र को और पेचीदा बनाती जा रही हैं।

वर्षों से लोग मृत्यु पर सिद्धि प्राप्त करने के लिए साधना करते आ रहे हैं। लेकिन तपस्या के बाद कौन अपने निर्धारित कोटे में कितनी वृद्धि कर पाया है, इसका कोई ठोस प्रमाण नहीं है।

आज तो पाँच सितारा अस्पताल में सीसीयू और आईसीयू जैसे उपासना केन्द्र हैं जहाँ वेंटीलेटर मरने वालों के लिए प्राणायाम का साधन बन गया है। यमराज के अनुचर कई जगहों पर बैठे हुए हैं, जो आपकी आसक्ति के हिसाब से शुल्क वसूलते हैं।

अन्तिम यात्रा भी अब अमीरों के लिए पहले से ज़्यादा आरामदायक हो गयी है। वातानुकूलित शवयान मरने के बाद भी चेहरे की चमक को बरकरार रखती है। जीवनदायिनी पीपल की लकड़ी से दाहसंस्कार कराने का प्रीमियम रेट है। ई-मुखाग्नि ने काम आसान कर दिया है। श्राद्धकर्म में बाल-बच्चे ऑनलाइन शामिल हो सकते हैं और दान-दक्षिणा का भुगतान भी यूपीआई ने पूरी तरह सुगम बना दिया है।

किसी को अपने कोटे के समय में भी ठीक से जीने नहीं देते, लेकिन मरने न देने और आफ्टर डेथ सर्विस के हज़ारों ऑप्शंस उपलब्ध हैं। जितना जुगाड़ यहाँ बढ़ा है उतना ही ऊपर भी बढ़ गया है। लोगों का आउट ऑफ़ टर्न नम्बर आ रहा है, कोई व्यायाम करते समय तो कोई आराम करते हुए ही मर जा रहा है। लेकिन एक बात तय है वेटिंग लिस्ट से नाम कन्फर्म होते ही जाना तो पड़ेगा ही। यही सृष्टि का नियम है।

कभी सोचा है कि वेटिंग लिस्ट अगर कन्फर्म होना बन्द हो जाये तो क्या होगा? पूरी दुनिया अमरपुर में बदल जायेगी। कराहने की आह के शोर में बच्चों की किलकारियाँ सुनाई नहीं देंगी। बेड वेटिंग करने वाले बुजुर्गों की संख्या बच्चों से ज़्यादा हो जायेगी। कफ़न वाले दुकान बन्द कर एडल्ट डायपर की दुकान खोल देंगे। व्हीलचेयर वाले कुर्सी-मेज़ वालों की दुकान पर क़ब्ज़ा कर लेंगे।

अत: मनुष्य के विदाई का उत्सव उतना ही ज़रूरी है जितना कि उसके पैदा होने का। बीच के काल को स्वर्ग-नरक बनाने की ज़िम्मेदारी पूरी तरह से मनुष्य के हाथ में है। अपने निर्धारित कोटे के समय में मज़े में जीना है तो दीर्घसूत्रता का अन्त करना होगा। ईश्वर की बुद्धि अभी भी दुरुस्त है। लोकल एजेंट लोग भले ही आपकी यात्रा विलम्बित कर दें लेकिन जीवन-चक्र की निरन्तरता को बरकरार रखने के लिए आपकी विदाई तय है। इसलिए महज़ जीवित रहने की चिन्ता छोड़ जीवित होना ज़रूरी है।

गौरैया अब आँगन में नहीं चहकती

आज विश्व गौरैया दिवस है। क्यों है? कहाँ चली गयी गौरैया? बचपन में पढ़ते समय बच्चों का ध्यान बँटाने के लिए इंस्टा और ट्विटर नहीं, कोयल, तोता, मैना और गौरैया ही हुआ करती थी। हम लोगों में से बहुत से लोगों का बचपन, सुबह-सुबह धूप में इधर-उधर फुदकती, चहकती एक छोटी-सी सुन्दर चिड़िया–गौरैया को देखते हुआ बीता है।

कुछ साल पहले तक अमूमन हर घर-आँगन में दिखाई पड़ने वाली गौरैया, अब ढूँढ़ने से भी नहीं दिखती। पर्यावरण को होने वाली मानवजन्य क्षति की एक और मिसाल बनने जा रही यह नन्ही-सी चिड़िया सिर्फ़ भारत ही नहीं बल्कि पूरे विश्व में तेज़ी से दुर्लभ होती जा रही है। हालात इतने ख़राब हो गये हैं कि नीदरलैंड (हॉलैंड) में इनकी घटती संख्या के कारण इन्हें रेड लिस्ट में रखा गया है। कमोबेश यही हालत अन्य देशों की भी है।

मनुष्य ने अपनी आबादी और फ़सल की उपज दोनों को बेतहाशा बढ़ाया। आज राशन व सब्ज़ी बाज़ार में पूर्ण एकरूपता है। लौकी नेनुआ, गोभी, टमाटर सब शेप और साइज़ के हिसाब से यूनिफार्म हो गया है। बासमती अब सुगन्ध से नहीं, लम्बाई से पहचानी जाती है। स्वाद और पुष्टता में नहीं, व्यंजनों के नाम में विविधता है।

हेलो मोटो! जिस स्वाद की दीवानगी में आप पागल हैं वो व्यंजनों के नहीं, अजीनोमोटो का है। बुद्धि पर पर्दा चढ़ा हुआ है इसलिए जीभ भी कन्फ़्यूज हो गयी है। मानव शरीर के अन्दर-बाहर चारों ओर बदमाश परजीवियों का बोलबाला है। हक़ीक़त में आज मनुष्य ही सबसे लाचार परजीवी है। कृत्रिम सहयोग के बिना क़स्बों की भी ज़िन्दगी कुछ ही दिनों में रुक जायेगी। शहर

को तबाह करने के लिए बम गिराने की ज़रूरत नहीं, बस बिजली पानी बन्द कर दीजिए। रेलवे लाइन पर ट्रेन का डब्बा नहीं, केवल आदमी हाथ में डब्बा लिए नज़र आयेगा।

आज शायद ही कोई मनुष्य बचा है जो बिना बैसाखी के प्रकृति में अपना जीवन-चक्र पूरा कर सके। जरावा जैसी जनजाति अब दुनिया में विरले बची हैं और सम्भवत: वो भी इस दशक में ही रुख़सत हो जायेंगी।

बाघ, भालू, चीता तो पहले ही घेरे में चले गये। बेतहाशा ज़हर का उपयोग कर प्रकृति को अन्य सभी जीवों के लिए नरक बना दिया है। अब सुबह और शाम की धुन में पक्षियों के कलरव शामिल नहीं, बस मच्छरों की भनभनाहट का मज़ा लीजिए।

गौरैया, तोता, मैना देखने पक्षी विहार जाने की ज़रूरत नहीं, सभी जीव चिड़ियाघर में भी हैं और क्लाउड पर भी। विश्व गौरैया दिवस के दिन सोशल मीडिया पर पोस्ट और लाइक कर अपना कोटा पूरा कीजिए।

पक्षियों के घोंसले उजाड़ने वाला आदमी आज ख़ुद घोंसले में रहने के लिए मजबूर है। माचिस की डिब्बी में बन्द मनुष्य ने माचिस की तीलियों को पूरी दुनिया में बिखेर दिया है। बस प्रकृति की मामूली रगड़ का इन्तज़ार है। जब तक आग की आँच अपने घर तक नहीं पहुँच जाती है तब तक जिगर से बीड़ी जलाने वाले डीजे का मज़ा लीजिए।

ज़िम्मेदार हम ही हैं

जब से दिल्ली की हवा ख़राब हुई है तब से पूरी दिल्ली की सड़कों पर भीड़ कुछ और बढ़ गयी है। प्रदूषण और पराली को कोसते लोग अपनी-अपनी कार में अकेले बैठ कर रोज़ बाज़ार निकल रहे हैं और एक-दूसरे को घर जाकर दिवाली की शुभकामनाएँ दे रहे हैं।

ऐसा लगता है जैसे इस साल ही कलियुग ख़त्म होने वाला है और मिलने का यह आख़िरी मौक़ा है। जिसको साँस की तकलीफ़ है वह भी पटाखे नहीं फोड़ पाने के ग़म में ज़्यादा दुखी है।

मनुष्य की आबादी और औक़ात तकनीकी विकास के कारण ज़रूरत से ज़्यादा बढ़ गयी है। आलसी, अहंकारी और अकर्मण्य मनुष्य बटन दबाने के बजाय एलेक्सा से स्विच ऑन कराना चाहता है। पैर से क्लच नहीं दबाना पड़े इसलिए ऑटोमैटिक कार में ज़्यादा ईंधन जलाता है। जाड़े में 24 घण्टा फ्रिज चालू रखता है। ज़रूरत से 10 गुणा ज़्यादा ऊर्जा का उपयोग करता है।

हर तरह के विनाशकारी सोच को ज़रूरत बता ऊर्जा ख़र्च करता है जो सभी तरह के प्रदूषण को बढ़ा रहा है। जाड़े में प्राइवेट जेट से प्रदूषण कॉफ्रेन्स में जाता है और इसके लिए भी प्रकृति और भगवान को दोष देता है। स्थिति यह है कि धुएँ से बीमार होकर मरने या ज़हर खाकर मरने में से एक को चुनना है।

स्टबल बर्निंग पेस्ट कंट्रोल का एक कारगर उपाय है। यह कीड़े-मकोड़ों और खरपतवार के जीवन-चक्र को बीच में तोड़ देता है तथा हानिकारक कीटनाशक और खरपतवार नाशक के उपयोग को कम करता है। धान उगाने वाले किसान पसोपेश में हैं कि खेत तो बढ़ा नहीं और ख़रीफ़ में धान तो हम

पिछले कई वर्षों से लगा रहे हैं। पराली जलाने का काम भी वर्षों से हो रहा है। फिर पिछले कुछ सालों से यह आग क्यों फैली हुई है?

लगता है बीमारी दिमाग़ की है लेकिन डॉक्टर साहब किडनी का इलाज करना चाहते हैं।

बेमुहूर्त विदाई

कुछ साल पहले तक दुनिया में एक सेवा ही बची थी जहाँ भीड़ और फ्लेक्सी प्राइस से लोग परेशान नहीं थे। लेकिन बेमुहूर्त विदाई की घटनाएँ इतनी बढ़ गयी हैं कि मरने के बाद अगर आपके प्रियजन मातम मनाने की वजह से थोड़ी देर कर दें, तो आपके पार्थिव शरीर को एक-दो दिन और इस नश्वर दुनिया में रहना पड़ेगा। किसी को समझ में नहीं आ रहा है और ना ही कोई समझने की कोशिश कर रहा है। मरने वाला अपना अनुभव बताने नहीं आ रहा है और जीने वालों को इसकी फ़िक्र नहीं। वैद्य जी केवल आपको मरने का कारण बता रहे हैं वो भी लैटिन और ग्रीक भाषा में।

जब तक आप रोगी नहीं घोषित होते हैं तब तक बीमारी क्यों हो रही है इसका सही उत्तर जानने में आपके और आपके परिवार वालों को दिलचस्पी नहीं है। बीमारी के कारण पर शोध करने से व्यावसायिक नुक़सान है। इसलिए तम्बाकू, प्रदूषण, जीवनशैली जैसे कारण बता दिये जाते हैं ताकि आप समझ जायें। प्रत्येक बीमारी एक प्रॉडक्ट की तरह है जिस पर प्राइस टैग है। बीमारी का व्यवसाय भी अन्य व्यवसाय की तरह है जिसमें कस्टमर बेस बड़ा होने के साथ-साथ उनकी लॉयल्टी और कंटीन्युइटी भी बहुत ज़रूरी है। यही व्यवसाय का वसूल है।

बीमारी हो ना हो, कस्टमर को रेगुलर इलाज के लिए बाज़ार में लाना बहुत ज़रूरी है। जीवन की आशा में कस्टमर नये ग्राहक भी जोड़ेगा। प्रॉडक्ट बिकने से ही सभी का फ़ायदा है। मरने तक कस्टमर को भरोसेमन्द ग्राहक बने रहना चाहिए। मुझे तो आश्चर्य होता है कि अभी तक नियमित ग्राहकों को राशन की दुकान पर पाँच किलो आटा के साथ-साथ 2 GB डाटा, पाँच पत्ता

गोली और पाँच सीसी सिरप मुफ़्त में देने वाला ज्ञान मार्केटिंग मैनेजमेंट वाले क्यों नहीं बाँट रहे हैं। बहुत जल्दी ही फ़ेसबुक/व्हाट्सअप की तरह सुकून देने वाली दवाएँ और डॉक्टरी सलाह भी आपको एकदम मुफ़्त में मिलेगी।

किसी भी बीमारी को रोकने के लिए तथा इम्युन सिस्टम को तैयार करने के लिए शरीर अपना तापमान बढ़ा देता है। लेकिन हम बुख़ार को बीमारी समझ उसको रोकने की पुरजोर कोशिश करते हैं। यह ग़लत है। ऐसा कई शोधकर्ताओं ने बताया है लेकिन उनका शोध आपके रसूख और बीमारी के व्यवसाय की चाल के विपरीत है। एंटीबायोटिक और स्टेरॉयड झोला छाप भाई लोग खिला रहे हैं और डॉक्टरी ज्ञान पर आत्मनिर्भर लोग पूरे आत्मविश्वास से खा रहे हैं। आर्थिक मन्दी से तंग आकर पंक्चर की विश्वसनीय दुकान चलाने वाले भी पेसमेकर बेच रहे हैं।

एक बार एक डॉक्टर साहब का पुर्जा लेकर एक भोला-भाला आदमी मेरे पास पहुँचा–

बोला : इ पुर्जा इहाँ चलत नईखे

तनी पढ़ के बतायीं कि कौन दवाई लिखल बा।

मैं पढ़ नहीं पाया। वह मेरी डिग्री को कोसते हुए चला गया।

बीमारी गुप्त हो या ना हो, लेकिन आपकी बीमारी की जानकारी गुप्त होनी चाहिए। क्रिप्टो पुर्जे का public key कुछ ही दवा दुकानदारों के पास होना चाहिए, जो आपके इलाज को आपके मरने के बाद तक गुप्त रख सके। अपराध हो या बीमारी, समग्र जाँच होनी चाहिए, तभी सच बाहर आयेगा। बीमारी की तह तक जाने के लिए जाँच और पोस्टमार्टम में फ़र्क़ मिटा देने वाला ही कुशल अनुसन्धानकर्ता है।

मुक़दमे और बीमारी के डॉक्युमेंट्स का वज़न डिजिटल होने से भारहीन हो तो गया है, लेकिन दोनों की तासीर कम नहीं हुई है। तारीख़ का महत्त्व तो सभी जानते हैं। यह वही शब्द है जो बहुत लोगों के अन्तिम तारीख़ को नज़दीक ला देता है। कुछ भी हो, सारा दोष भगवान का है।

आप एयरकंडीशन को अपने ऐशो-आराम से अलग नहीं कर रहे हैं। शरीर का रोम-रोम पसीना निकालने के लिए तरस रहा है। किडनी डबल ड्यूटी कर के परेशान है और असमय आपका साथ छोड़ कर जा रही है। गोरा

व्यक्ति टैन दिखने के लिए तो काला व्यक्ति गोरा दिखने के लिए परेशान है। वृद्धाश्रम में मिलें ना मिलें, स्कूल में ही आपको सफ़ेद बाल वाले बच्चे मिल जायेंगे। चर्मरोग अपने चरम पर है। चश्मा अब बच्चे-बुज़ुर्ग सभी नियमित रूप से पहन रहे हैं। दाँत और घुटने के डॉक्टरों के पास जवान लोग इतने जा रहे हैं कि बेचारे बूढ़ों को अपॉइंटमेंट मिलना मुश्किल है। जन्मपत्री वालों और भगवान के पेट पर लात मार अपने बच्चे का जन्मदिन आप अपनी मर्ज़ी से चुन सकते हैं।

इलाज और शरीर सौष्ठव के व्यवसाय में लगे लोग केवल एक ही गाना गा रहे हैं–

सुन्दरता की चाहत में तू मूरखता की मूरत है।
तेरे घर वालों को कम होगी मुझे तेरी बहुत ज़रूरत है।

आदमी को आवारा और अक़्ल से पैदल बनाने का दोष भगवान को ही देना पड़ेगा। गर्मी में एयरकंडीशनर में रज़ाई ओढ़ कर सोने वाले तथा जाड़े के महीने में 24 घण्टे फ्रिज चलाने वाले अक़्लमन्द लोग क्लाइमेट चेंज पर ब्लॉग लिख रहे हैं। कार्बन फुटप्रिंट घटाने के भाषण में शामिल होने के लिए प्राइवेट जेट में जाने वालों की प्रतिबद्धता पर प्रश्नचिह्न मत लगाइए । मौसम को अनुकूल नहीं बनाने के लिए भगवान दोषी हैं।

ठण्ड और गर्मी दोनों के थोड़ा बढ़ने पर ब्रेन स्ट्रोक और हार्ट अटैक बेतहाशा बढ़ जाता है। अज्ञात बुख़ार से लोग मर रहे हैं, कैंसर ने टीबी को काफ़ी पीछे छोड़ दिया है। मलेरिया, दिमाग़ी बुख़ार, डेंगू इत्यादि जैसे अनेक दुश्मनों से लड़ने में मनुष्य की मंशा पर शक करना महापाप है। इतने इन्तज़ाम और इलाज की व्यवस्था के बावजूद हर साल पहले से ज़्यादा लोग वीरगति को प्राप्त हो रहे हैं। इसमें इलाज प्रबन्धन में लगे योद्धाओं को दोष देना कतई मुनासिब नहीं है।

कुछ भी है कलियुग तो है ही। जो हो रहा है वह ईश्वर के विधान के अनुकूल है। बीमार कस्टमर है और अस्पताल दुकान दो सौ साल पहले तक के पुरखे बड़े मूर्ख थे कि हज़ारों वर्षों तक प्रकृति के साथ समन्वय बना कर रहे। साइकिल तक नहीं बनाया।

पिछले दो-तीन सौ सालों में क्या चमत्कार हुआ कि मनुष्य इतना होशियार और बुद्धिमान हो गया? आइंस्टाइन और डोनबर्गर हज़ारों सालों तक क्यों नहीं पैदा होते थे? क्या बदला कि आज के अस्त्र, शस्त्र, दवा और हवा सब कुछ मनुष्य की पूरी जाति को पल भर में ख़त्म कर देने में सक्षम हैं। खगोलशास्त्र और चिकित्सा शास्त्र में इतना आगे थे लेकिन लम्बे समय तक बन्दूक़ और बारूद तक नहीं बना पाये।

आज विकास यात्रा पर निकले मनुष्य ने कई सारे सहयोगी पौधे, जीव और जीवाणु को विलुप्त करा दिया। अपनी आबादी बेतहाशा बढ़ा ली। लम्पट और थुथूर जीव ही बचे हैं जो मनुष्य के सर्वनाश में ही अपना अस्तित्व देख रहे हैं। मनुष्य स्वनाश की सामग्री का आविष्कार दनादन करने में लगा है।

इक्कीसवीं सदी की दुनिया तो पूरी तरह बदल गयी है। अब अपना दिमाग़ सही दिशा में उपयोग नहीं कर पाने वाले मन्दबुद्धि नहीं उच्च बुद्धि वाले लोग हैं। बहुत जल्दी कृत्रिम दिमाग़ के आने से असली दिमाग़ की हालत पूँछ जैसी हो जायेगी।

चढ़ने और चलने के लिए एक्सेलेटर तो ऊपर जाने वालों को कुछ दिन रोकने के लिए वेंटीलेटर बना दिया। आज मनुष्य की मृत्यु बाला जी की इच्छा से ज़्यादा लाला जी की इच्छा पर निर्भर है। डायबिटीज और उच्च रक्तचाप की दवा अधिकांश लोगों का जीवनसाथी बन गया है।

अब ब्रेन का फटना और हृदय गति का असमय रुकना पुराने ज़माने की बीमारी है। टीबी को पहले राजरोग कहते थे क्योंकि इस बीमारी पर मोटा ख़र्च होता था और आपके ख़र्च से डॉक्टर साहब राजा हो जाते थे। अब टीबी राजरोग नहीं रहा।

आज बुख़ार से भी हज़ारों अन्तिम यात्रा शुरू कर रहे हैं। अब ऑटिजम और अल्जाइमर जैसी कई नयी बीमारी बाज़ार में हैं जो आपको अपनी आमदनी कहीं और ख़र्च होने नहीं देती हैं। नये ज़माने में कैंसर, लाचार किडनी और पक्षाघाती दिमाग़ का इलाज कराने में आपका परिवार अपना सर्वस्व निछावर कर देता है।

अब जन्म और मृत्यु संस्कार नहीं व्यापार है। आज पैदा होने का मुहूर्त चैटजीपीटी डिसाइड कर रहा है और मरने की तारीख़ लाला जी। ब्रह्मा जी

और यमराज दोनों कन्फ्यूज़ हैं। आपके बटुए के ख़ाली होने तक, समय पूरा होने के बावजूद भी। वेंटीलेटर और आईसीयू जैसे वेटिंग रूम में आप लम्बे समय तक इन्तज़ार कर सकते हैं। यमराज रजिस्टर लेकर अस्पताल की कैंटीन में इन्तज़ार करते मिल जायेंगे। टैक्सी वाले ड्राइवर की तरह यमराज के नाश्ते का बिल भी कॉम्प्लेमेंट्री है।

सभी देवता परेशान हैं कि मौत के डर से यमराज ने धरती पर अपना मुफ़्त में मेडिकल इंश्योरेंस करा लिया है। कोरोना और डेंगू का वायरस भी हॉस्पिटल वालों से अपना कमीशन माँग रहा है। काम, क्रोध, लोभ, मोह पर विजय पाने की लालसा से काम कर रहे लोगों में भयंकर मारपीट शुरू हो गयी है। शान्ति का व्यापार करने वाली महाशक्तियों में हथियार बेचने की होड़ लग गयी है।

इस विजयदशमी देवी से यही प्रार्थना हैं कि कलियुग का समापन करना है तो करें लेकिन मनुष्य की वैसी सन्तति जो इस बुद्धिकाल में भी सतयुगी है उसको यमराज की चपेट में आने से बचायें।

हालात बता रहे थे कि इलाज से मर गया,
हकीम ने कह दिया कि कुछ खा के मर गया।
तीमारदारी में लगे लोग बेख़ौफ़ घूम रहे थे,
और इल्ज़ामे मौत से खानसामा डर गया।।

बूढ़ा होगा तेरा बाप!

चिकित्सा विज्ञान एक-एक कर पौराणिक चमत्कारों को हक़ीक़त में बदल रहा है। स्वस्थ मनुष्यों की संख्या का प्रतिशत बेशक गिर रहा हो लेकिन बीमारी और बीमारी के इलाज में नित नये ईजाद हो रहे हैं।

बच्चों का इलाज, पैदा होने से पहले ही शुरू हो जा रहा है। पाँच साल का होने तक लगभग पचास टीके प्रस्तावित हैं। मेडिकेटेड और मॉनिटर्ड आहार व्यवहार से बच्चों की ज़िन्दगी शुरू हो रही है। आज जन्म के साथ ही बच्चे नियमित अस्पताल का चक्कर लगाने लगते हैं। मानो! केवल डिफेक्टिव आँख और दाँत वाला बच्चा ही जन्म ले रहा हो।

ऑटिजम, अस्थमा, पैनिक अटैक जैसी कई नयी बीमारियाँ हर घर में चर्चा का विषय हैं। ढेर सारे बच्चों वाले बेफ़िक्र दम्पति को अगर अपवाद मान लें तो पूरे समाज का यही ट्रेंड है। जवानी की दहलीज़ पर क़दम रखने से पहले ही नली गली जाम होना शुरू हो जा रहा है। असामयिक निधन हो या बाल झड़ने-पकने की शुरुआत, अब किसी को उम्र से जोड़ना सम्भव नहीं है।

सामर्थ्यवान परिवार उपासना केन्द्र से ज़्यादा चिकित्सा केन्द्र जाता है और यथाशक्ति नियमित चढ़ावा चढ़ाता है। ऑप्शंस की भरमार है। 50 पैसे के पैरासीटामोल से लेकर 16 करोड़ रुपये के इंजेक्शन से स्पाइनल मस्कुलर एट्रॉफी (SMA) जैसी बीमारी को ठीक करवाने तक का ऑप्शन उपलब्ध है।

इस आधुनिक साम्यवादी व्यवस्था में भूखे मरने वाले कम तो नहीं हुए हैं लेकिन खा कर मरने वालों की संख्या काफ़ी बढ़ गयी है। इलाज कराकर मरने वालों की संख्या इलाज के अभाव में मरने वालों से ज़्यादा है।

शरीर के रिपेयर और मेंटेनेंस के लिए भी रोज़ नये ऑप्शंस जुड़ रहे

हैं। नाक-नक़्श बनवाना अब पुरानी बात है। अब अप्सरा वाला लुक काफ़ी किफ़ायती दर पर उपलब्ध है। चमड़ी से शुरू हुआ अंग प्रत्यारोपण खोपड़ी तक पहुँच गया है। दिल, कलेजी, फेफड़ा, गुर्दा इत्यादि बदलना अब आम बात है।

वह दिन अब दूर नहीं, जब ब्रेन से लेकर किडनी तक सभी पार्ट्स बाज़ार में उपलब्ध होंगे और आसानी से रेट्रोफ़िट किये जा सकेंगे।

अगर आदमी का पसन्द नहीं आये तो जानवर का भी उपलब्ध होगा। डीपफेक वीडियो और लिंग परिवर्तन दोनों की ज़रूरत ख़त्म होगी और रियल ग्राफ्टेड लोग धमाल मचायेंगे। रान, सीना, दिल, पचौनी, कलेजी, गुर्दा इत्यादि–खाने वालों के लिए कसाई की दुकान पर बिकेंगे और बदलवाने वालों के लिए दवाई की दुकान पर। कृत्रिम अंग और कृत्रिम दिमाग़ का क्या ग़ज़ब कॉम्बिनेशन होगा! एंटी-ऐजिंग दवा बनेगी और दुनिया अमरपुर बन जायेगी। मरने का झंझट ही ख़त्म।

इतनी ही आबादी आपदा के समतुल्य हो गयी है, कल्पना कीजिए उस समय दुनिया कैसी होगी?

बुख़ार अच्छे हैं!

एक माँ और उसके बच्चे एक टापू पर रहते थे। उसके घर के आसपास कुछ ख़तरनाक कीड़े रहते थे जो कभी-कभार बच्चों को काट लेते थे। बच्चे कीड़ों के दंश से होने वाली पीड़ा से काफ़ी देर तक रोते थे। माँ काफ़ी परेशान रहती थी और रोज़मर्रा का काम ठीक से नहीं कर पाती थी।

इस समस्या से निपटने के लिए उसने एक आया रख ली। उसको दिन भर बैठ कर कीड़ा भगाने और कीड़ा काटने पर प्राथमिक उपचार कर बच्चों का ध्यान रखने की ज़िम्मेदारी दी। आया को दिन भर कीड़े भगाने के लिए बहुत मेहनत करनी पड़ती थी। अतः उसने बहुत जल्दी ही बच्चों को चुप कराने का एक नायाब तरीक़ा ढूँढ़ निकाला।

जब भी किसी बच्चे को कीड़ा काटता वह उस बच्चे के मुँह पर पट्टी बाँध देती जिससे बच्चों के रोने की आवाज़ बाहर नहीं आ पाती थी।

आया की इस जुगाड़ से बच्चों का रोना बन्द हो गया। माँ भी बहुत ख़ुश रहती थी लेकिन बच्चे अन्दर से बहुत कमज़ोर होते गये। कुछ दिनों बाद माँ को पता चला कि उसके बच्चे काफ़ी बीमार रहते हैं।

वह सोचने लगी, कीड़े तो आजकल काटते नहीं, बच्चे कभी रोते भी नहीं। फिर बीमार कैसे हो गये?

इसका पता लगाने के लिए उसने अपने काम से छुट्टी लेकर एक दिन छुपकर आया की करतूत देखी। आया का जुगाड़ देखकर वह ग़ुस्से से लाल हो गयी लेकिन तब तक समय बीत गया था।

इस कहानी को सुनाने का उद्देश्य बुख़ार उतारने वाली दवा के ख़तरे से आपको आगाह करना है।

चलिए मैं आपको बुख़ार की कहानी बताता हूँ।

शरीर के किसी भी भाग में कोई संक्रमण होता है या कोई भाग घायल हो जाता है तब वह अपनी माँ (मस्तिष्क) को सन्देश भेजता है कि माँ दुश्मनों से मेरी रक्षा का उपाय करो। यह सन्देश दिमाग़ में पहुँचता है और दिमाग़ दुश्मनों को मारने के लिए त्वरित बन्दोबस्त करता है।

ज़्यादातर दुश्मन (जीवाणु/विषाणु) गर्मी बर्दाश्त नहीं करते और निष्क्रिय हो जाते हैं। इसलिए दिमाग़ शरीर का तापमान बढ़ा देता है।

इतना ही नहीं, सन्देश मिलते ही दिमाग़ दुश्मन की पहचान कर उसको मारने के लिए उपयोगी अस्त्र-शस्त्र तुरन्त भेजना शुरू कर देता है। अगर उसके स्टॉक में वैसा हथियार नहीं होता है तो उसे बनाने का काम शुरू करता है। कुछ ही घण्टों में शरीर की सेना दुश्मनों पर हावी हो जाती है। कुछ दिनों की लड़ाई के बाद शरीर का बीमार हिस्सा स्वस्थ हो जाता है। लेकिन इस पूरी लड़ाई में आप कष्ट का अनुभव करते हैं आपको बुख़ार और बेचैनी होती है।

बुख़ार रोकने की दवा आया की तरह इन सन्देशों को पकड़ लेती है और दिमाग़ तक इन सन्देशों को पूरी तरह पहुँचने नहीं देती है। आप दवा के प्रभाव में शरीर का तापमान तो नियन्त्रित कर लेते हैं लेकिन दुश्मन को नहीं। एक स्वस्थ शरीर में दिमाग़ की जानकारी में रहने वाले सभी विषाणु/जीवाणु को मारने के लिए उपयोगी हथियार बनाने की विधि का एक मेमोरी चिप होता है जो बीमारी की स्थिति में त्वरित काम करना शुरू कर देता है।

लेकिन लगातार दवा की बैशाखी का सहारा लेने से शरीर अपने पैरों पर खड़ा होना भूल जाता है और जब भी शरीर को कोरोना जैसे थोड़े से मज़बूत दुश्मन से पाला पड़ता है तो वह उसी से हार जाता है।

इस कहानी का उद्देश्य यह बताना है कि शरीर की कहानी उतनी सरल नहीं है। लेकिन सर्दी-खाँसी और सामान्य बुख़ार में दवा और जनसंहारक एंटीबायोटिक खाने का फ़ैशन आज कोरोना से होने वाले टेंशन का सबसे बड़ा कारण है।

परीक्षा की घड़ी में घड़ी की परीक्षा

वो कौन है जो गिरेबान की तरह आपसे चिपका हुआ रहता है?

किसी के पतलून में तो, किसी के दिल के पास छिपा रहता है?

आपका ध्यान हर समय उसी पर रहता है कि कहीं कोई उसे आपसे अलग ना कर दे।

जिसके दूर हो जाने से आप बेसब्र हो जाते हैं।

जिसके खोने का डर आपको हर समय बेचैन किये रहता है।

दिमाग़ पर ज़ोर डालिये!

जी हाँ, आपका स्मार्ट फ़ोन!

यह आमलोगों की आसक्ति का व्यावसायिक फ़ायदा उठाने वालों का अनुचर है। यह आपकी उँगलियों से, आप ही को उँगलियों पर नचाता है। इसके सम्मोहन के वशीभूत होकर आप समय और ऊर्जा रूपी मोती को सोशल मीडिया रूपी सागर में प्रवाहित कर देते हैं।

यह आपकी चाहत, भावना, प्रेरणा, पूजा सबकी ख़बर सुदूर बैठे अपने आका तक पहुँचाता है। सभी पर्दानशीं ख़यालों को बेपर्दा कर देता है। आपको पता नहीं चलता है लेकिन आप सरेआम डीपफेक (Deepfake) की चाहत में बेआबरू होते रहते हैं।

आप घूमने का ख़याल कीजिए, यह ख़ूबसूरत वादियों में पल भर में पहुँचा देगा। आप भक्ति के मार्ग पर जाने की सोचिए, यह आश्रम, मन्दिर, मस्जिद और चर्च के ढेर सारे विकल्प पलक झपकते बता देगा।

आप आत्महत्या करने की सोच कर तो देखिए! यह फ़ौरन आपके लिए

मज़बूत रस्सी, मेज़ तथा आत्महत्या करने के नायाब तरीक़े तक पहुँचा देगा। उसी की इच्छा से आप हँसते, गाते, रोते और सोते हैं। आप उसके ग़ुलाम हो गये हैं।

सोशल मीडिया पर आभासी अवतारों और अजनबियों की महफ़िल में शोर है, लेकिन स्वर और सुर का मिलना मुमकिन नहीं। लाइक और फॉलोवर के प्रेम में पागल होकर अपनों को खोने की मूर्खता से बचिए।

अपनी अन्तरात्मा की धुन को सुनने के लिए एकान्त को ढूँढ़िये। तन्द्रा से जागिये, आप नींद में नहीं हैं। आप जाग सकते हैं। आप उसको अपना ग़ुलाम बना सकते हैं। एलेक्सा की तरह वह आपकी हर बात मानेगा। आप उसको अपना साथी बनाइये, सारथी नहीं। मन की रस्सी अपने हाथ में रखिए। विद्यार्थी के लिए उसका वियोग ही नियोग का मार्ग है।

और ये सब मैं इसलिए बता रहा हूँ क्योंकि आज Self Injury Awareness Day है। आज अपने वैसे कृत्यों को जानने का दिन है जिनसे हम ख़ुद को चोट पहुँचाते रहते हैं।

प्रेम पर क़ानूनी पहरा

कुछ वर्ष पहले भाव भंगिमा और अव्यक्त आमन्त्रण को संज्ञेय अपराध बना कर पुरुषों को एकतरफ़ा दोषी बना दिया गया। वैज्ञानिक साक्ष्य और मनोवैज्ञानिक सलाह से अगर क़ानून बनता तो यह हास्यास्पद स्थिति पैदा ही नहीं होती। Fall in Love में पुरुषों के लिए फेलोन इन लव होने का डर हर समय है। आज शरीफ़ पुरुष व्यभिचारी हो जाने के डर से हर समय भयभीत रहता है और व्यभिचारी क़ानून से बचने के नये तरीक़े ढूँढ़ने में रिसर्चरत है।

क्या नर का मादा के प्रति या मादा का नर के प्रति आकर्षण स्वैच्छिक क्रिया नहीं है? वैसी ज्ञानेन्द्रियाँ जो अनैच्छिक क्रियाओं के लिए उतरदायी हैं क्या उन्हें क़ानून का डर दिखाकर नियन्त्रित किया जा सकता है? सृष्टि के नियमों के अनुरूप पुरुष और नारी के बीच के अशाब्दिक सम्प्रेषण को क़ानून से रोका जा सकता है? इन सबको देखकर तो ऐसा प्रतीत हो रहा है कि समाज के स्वयंभू प्रतिनिधियों की अगर चले तो नर-नारी के एक-दूसरे का ख़याल, ध्यान, दर्शन सहित अन्य सभी नैसर्गिक सम्प्रेषणों पर प्रतिबन्ध लग जायेगा।

अव्यक्त भाव-भंगिमाओं पर कड़े प्रतिबन्ध के बाद व्यक्त सहमति तक पहुँच पाना असम्भव हो जायेगा और विवाह के सबसे आदर्श रूप प्रेम विवाह का होना मुश्किल हो जायेगा। सहमति जब पति-पत्नी के बीच में क्षण-भंगुर है तो व्यक्त सहमति अन्य सम्बन्धों की स्वीकार्यता और स्थिरता का मानदण्ड क्यों? क्या हम ऐसे समाज की परिकल्पना कर सकते हैं जिसमें पुरुष और स्त्री केवल पति-पत्नी के रूप में ही रहें और बाकी सारे सम्बन्ध अनैतिक और ग़ैर-क़ानूनी।

अब सारे समाज में देवियों और सज्जनों का बोलबाला होगा। इस विचित्र क़ानून ने महिला पुरुष के बीच के मित्रवर स्नेह और समर्पण को अविश्वास और भय के आवरण से ढक दिया है। अब अल्हड़पन और मासूमियत की सकारात्मक ऊर्जा से बन बिगड़ रहे नैसर्गिक सम्बन्धों का सह शिक्षा संस्थानों से लोप हो जायेगा। विवाह की विविधता तो काफ़ी पहले ही विलुप्त हो गयी है। सौतन शब्द का प्रचलन तो अब लगभग ख़त्म ही हो गया है। अब कुछ ही लोग बचे हैं जो शान से कह सकते हैं कि मेरी पत्नियाँ मेरे घर में बड़े सौहार्द के माहौल में रहती हैं। अब बाकी बचे सम्बन्ध धीरे-धीरे शब्दकोश से भी ख़त्म हो जायेंगे।

ज़रूरी है सहअस्तित्व

चूहा और मच्छर दो ऐसे दुश्मन हैं जिनका उन्मूलन प्रत्येक युग के मनुष्य की प्राथमिकता रही है। सतयुग, त्रेता और द्वापर के बारे में कोई जानकारी नहीं है लेकिन कलियुग में इन जीवों के जनसंख्या विस्फोट का इतिहास काफ़ी संघर्ष भरा है।

100 साल पहले तक ये जीव मनुष्य के साथ सहअस्तित्व में रह रहे थे। चूहा पालना और उसकी पूजा करना विश्व की विभिन्न संस्कृतियों का हिस्सा रहा है। चूहा खाने वाले लोग भी थे, हैं और रहेंगे लेकिन चूहों से दुश्मनी जैसी बात ज़्यादा पुरानी नहीं है।

आधुनिक विकसित सभ्यता के सम्भ्रान्त वैज्ञानिकों ने जब से चूहे को मनुष्य का दुश्मन घोषित किया तब से गड़बड़ शुरू हुई। मध्यकालीन समय में यूरोप में जब एक आदमी दूसरे आदमी को जानवर से भी बदतर समझना शुरू कर दिया था। आये दिन जब अत्याचार के नायाब कारनामे देखने को मिलते थे। उपनिवेशवाद चरमोत्कर्ष पर था। तब मनुष्य के सबसे अच्छे दोस्त चूहे और मच्छरों को मारने के लिए विश्वयुद्ध छेड़ा गया जो आज तक चल रहा है।

वैज्ञानिकों का मानना था कि चूहे अगर नहीं होते तो प्लेग से लाखों लोग नहीं मरते। प्लेग आया और गया लेकिन चूहे को दुश्मन मानने की मूर्खता अभी भी बरकरार है। आज भी चूहे को मनुष्य में होने वाली 60 से ज़्यादा बीमारियों का कसूरवार माना जाता है। चूहा मारना भद्र वैज्ञानिकों की प्राथमिकताओं में काफ़ी ऊपर है।

आज रोडेंटिसाइड (चूहे मारने की ज़हर) का व्यापार 6% की दर से बढ़ रहा है और 7 बिलियन अमेरिकी डॉलर तक पहुँच गया है। फिर भी चूहों की जनसंख्या मनुष्य के साथ कन्धे से कन्धा मिलाकर निरन्तर वृद्धि दर्ज कर रही

है। इतनी क़वायद के बाद आज भी आपके फ़सल का लगभग 10% हिस्सा चूहे बर्बाद कर देते हैं। पूरे आर्थिक नुक़सान में चूहे किसी भी विश्वयुद्ध में हुए नुक़सान से काफ़ी आगे हैं।

कुछ देशों (जो भुना मच्छर चाव से खाते हैं) को छोड़ दें तो मच्छरों के लिए किसी भी मनुष्य के मन में कोई हमदर्दी नहीं है। मनुष्य मच्छर को अपनी कई बड़ी समस्याओं का दोषी मानता है। बीस-पच्चीस साल पहले तक मच्छर विरोधी एनजीओ की सामाजिक प्रतिष्ठा किसी भी सामाजिक कुरीति के ख़िलाफ़ दौड़ रहे एनजीओ से कहीं ज़्यादा थी। एड्स और कोरोना के ईजाद के बाद भले ही इनकी चमक थोड़ी कम हुई है लेकिन फ़सल और मनुष्य को बीमारी से बचाने के ठेके में मच्छरों वाले ठेकेदारों की हिस्सेदारी कम नहीं है। मच्छर के ख़िलाफ़ छिड़ा विश्वयुद्ध निरन्तर जारी है नित नये रासायनिक हथियार विकसित हो रहे हैं लेकिन मच्छर हैं कि कम होने का नाम नहीं ले रहे हैं।

मच्छर मारने की दवा का व्यापार भी 100 बिलियन अमेरिकी डॉलर के आसपास है और 2023 में इसमें 10% से भी ज़्यादा वृद्धि दर का अनुमान रहा। वेक्टर बॉर्न बीमारियों से होने वाले नुक़सान और उसके उन्मूलन के ख़र्चे का हिसाब लगाना तो बड़े-बड़े अर्थशास्त्रियों के बस की बात नहीं।

आज कोई शासनाधीश नहीं जो मच्छरों के एहसान के तले दबा नहीं हो। मलेरिया और कालाजर के उन्मूलन का प्रयास अनवरत जारी रहे ऐसा नहीं सोचने वाला डॉक्टर और चिकित्सा प्रबन्धक शायद ही इस धरती पर होगा। डेंगू और चिकेनगुनिया के आने के बाद तो यह आशंका बढ़ गयी है कि कहीं कोई मच्छर उन्मूलन के लिए परमाणु बम छोड़ने की योजना ना बना ले।

अब समय बदल रहा है। पढ़े-लिखे लोगों की संख्या काफ़ी बढ़ गयी है। मनुष्य अब बुद्धि के लिए ईश्वर के बनाये हुए दिमाग़ पर आश्रित नहीं है। अब तो कृत्रिम बुद्धिमता (Artificial Intelligence) का ज़माना है।

इतने सालों से चूहों और मच्छरों के ख़िलाफ़ युद्धरत मानव ने क्या खोया और क्या पाया, इसका आकलन करना ज़रूरी है। मैं तो बस यही कहूँगा कि अभी भी हम बस कह दें और प्रकृति को अपना काम करने दें तो सभी तरह के प्राकृतिक, आर्थिक तथा मानवीय नुक़सान में कुछ साल में ठहराव आ जायेगा और मानव जाति विलुप्त होने से बच जायेगी।

स्वार्थी मानव-निःस्वार्थ प्रेम

सभी का मानना है कि आज का मनुष्य बहुत ही स्वार्थी हो गया है। अमीर मनुष्य तो बिना फ़ायदे के कोई भी काम नहीं करता। फिर भी निःस्वार्थ और काफ़ी धन ख़र्च किये बिना किसी भौतिक लाभ के कुत्ते-बिल्ली पालना इक्कीसवीं सदी का आठवाँ आश्चर्य है।

कुत्ते को कुत्ता कहा तो ख़ैर नहीं? वह परिवार के किसी भी सदस्य से ज़्यादा प्रिय है। डेंगू से लड़ाई में घायल और मृतप्राय स्थिति में पपीते का पत्ता जैसी जीवनदायी औषधि देने वाले पड़ोसी से भी कुत्ते के लिए लड़ने में कोई परहेज़ नहीं। कल तक जो पड़ोसी आपके बाल बच्चों को अपने से भी ज़्यादा प्यार करता था, कुत्ते-बिल्लियों के चक्कर में जान का दुश्मन बन गया है।

ना दूध देती है ना अण्डा। अधिकांश लोग मार कर खाते भी नहीं। कुत्ते-बिल्ली का पॉटी किसी काम का भी नहीं, ऊपर से पड़ोसी से क्लेश की जड़। भद्र मानव के ड्राइंगरूम में अगर अतिथि की सन्तति मलमूत्र उत्सर्जित कर दे तो मनुष्य अवसाद से भर जाता है। लेकिन आनुवंशिक रिश्ते में कई पीढ़ी दूर कुत्ता-बिल्ली, अगर शयनकक्ष को भी संडास बना दे तो घृणा नहीं होती है।

पालने का ख़र्च इतना कि अगर एकान्त में हिसाब लगाने बैठ जायें तो फ़िज़ूलख़र्च सेठ को भी हार्ट अटैक आ जाये। उत्तम क्वालिटी के डॉगफूड की क़ीमत पिज्जा में पड़ने वाले चीज (cheese) से ज़्यादा है। कुत्ते-बिल्ली का कीड़ा-जूँ मारने की दवा, आदमी से दसगुणा महँगा है फिर भी आउट ऑफ़ स्टॉक रहती है।

विडम्बना तो यह है कि भारत जैसे विशाल देश में कैट-डॉग के लिए भोजन और दवा बनाने वाली कोई भी विश्वसनीय कम्पनी नहीं है। कुत्ता प्रेमी लोग इस आवश्यकता के लिए पूरी तरह आयात पर निर्भर हैं।

जानवरों की नैसर्गिक ख़ूबसूरती को मनुष्य अपनी नज़रों के अनुसार निखारने के लिए कितना भी पैसा ख़र्च कर सकता है। कुत्ते के हेयरकटिंग का ख़र्चा आदमी के हेयरट्रांस्प्लांट से कम नहीं। आमदनी की आवृत्ति के आगोश में बड़े-बड़े ब्यूटीपार्लर वालों ने अपना व्यवसाय बदल कर डॉग पार्लर खोल लिया है।

फ़ैशन शो में असफल होने पर आप मायूस ना हों, आपका जीवनसाथी डॉग और कैट शो में आपका नाम रौशन कर सकता है।

मवेशी विज्ञान (veterinary science) में कुत्ते-बिल्ली की पढ़ाई के लिए अलग से ना कोई कोर्स है और ना ही कोई क्रेडिट मिलता है, लेकिन पढ़ाई समाप्त होने के बाद अधिकांश मेधावी मवेशी डॉक्टर कुत्ते-बिल्लियों के इलाज में महारत हासिल कर ही लेते हैं।

कलियुग में चिकित्सा व्यवसाय पर कुबेर की मेहरबानी समयोचित है, लेकिन मवेशी चिकित्सा व्यवसाय में कुबेर का दर्शन केवल कुत्ते-बिल्लियों की सेवा से ही सम्भव है।

गाय, भैंस, मुर्गी, बकरी पालने में फ़ायदा ही फ़ायदा है लेकिन फ़ायदे की दुनिया में रहने वाले अमीर लोग फ़ायदा पहुँचाने वाले किसी जानवर को क्यों नहीं पालते हैं? समझ में नहीं आता है कि मनुष्य की कुत्ते-बिल्लियों से इतनी मुहब्बत क्यों?

ज़रा सोचिए, भौतिक संसाधनों से भरपूर भिखारी मनुष्य प्रेम की तलाश में कितना लुटा सकता है! लेकिन अगर मनुष्य, मनुष्य से प्रेम करने लगा तो बेचारे कुत्ते-बिल्ली तो विलुप्त हो जायेंगे।

कटु सत्य

धन, प्राकृतिक सम्पदा, श्रम, हुनर और आधारभूत संरचना अर्थव्यवस्था के मुख्य घोड़े हैं। मुख्यतः धन का स्रोत और धन का वास्तविक मूल्य ही विकास की वास्तविक स्थिति को दर्शाता है। बाक़ी सारे कारकों का प्रभाव स्थिर है।

आज की हवा-हवाई अर्थव्यवस्था में धन के अधिकांश स्रोत अज्ञात हैं और धन का वास्तविक मूल्य चलायमान। धन लगाने वाले जो मुट्ठी भर साहूकार इस दुनिया में हैं। उनको ना तो वैश्विक कल्याण से मतलब है ना ही ज़िम्मेदारी का बोध। उनको बस अपने धन के सांख्य को द्रुत गति से बढ़ाने की होड़ है। वे अपने आप को छुपा कर रखना चाहते हैं और अपनी कमाई पर कोई कर नहीं देना चाहते हैं। इसके लिए इन्होंने अनेक जुगाड़ कर रखे हैं। इनके एक अर्थव्यवस्था से दूसरी अर्थव्यवस्था में कूदते रहने से उत्पादन के मूल कारकों पर बहुत प्रतिकूल प्रभाव पड़ रहा है।

दुनिया के अधिकांश देशों में लोकतन्त्र होने के बावजूद कमज़ोर सरकारें हैं। इनमें सामूहिक रूप से भी इतनी कूबत नहीं कि इनकी मनमानी को रोक सके। लोकतन्त्र में शासक जनता के प्रति उत्तरदायी तो है लेकिन अपने भविष्य को लेकर उतना ही असुरक्षित भी।

वोटरस्य चितम, कृपनस्य वित्तम।
दैवो ना जानाती कुतो मनुष्यः।।

अगर यह कहें मानव मन की चंचलता और चुनाव यज्ञ में नित प्रतिदिन बढ़ता कर्मकाण्ड जनसेवकों को इन वैश्विक साहूकारों की शरण में जाने के लिए विवश कर देता है तो अतिशयोक्ति नहीं होगी। राजनेता इनके मुरीद हो जाते हैं और अर्थव्यवस्था इनकी ग़ुलाम। विकिलिक्स और अन्य खोजी

पत्रकारों के खुलासे से भी यह साबित होता है कि सत्ता के शीर्ष में बैठे लोग भी अपने को असुरक्षित महसूस करते हैं और इनके जाल में फँस जाते हैं।

पूँजीवादी हों या साम्यवादी सभी आज इन वैश्विक साहूकारों के चंगुल में फँसे हुए हैं। इसका परिणाम भी सामने है।

वैश्वीकरण के ज़माने में आत्मनिर्भरता पिछली सीट पर चली गयी है। सब कुछ बाज़ार में उपलब्ध है। जब तक आप उत्पाद के ऐच्छिक क्रेता हैं तब तक उसका मूल्य नियन्त्रण में है। जब उत्पाद आपकी मजबूरी बन गयी तब दाम मनमानी। आपकी ज़रूरत को आपकी मजबूरी बनाना ही इनके प्रबन्धन का मूलमन्त्र है। उदाहरणार्थ पिछले 20 सालों में भारत खाद्य तेल (Palmolein oil) और दाल के ऐच्छिक क्रेता से मजबूर आयातक देश बन गया। इनके मूल्य पर नियन्त्रण अब देश की सरकार नहीं साहूकारों के हाथ में है।

दुनिया के अधिकांश विकसित देशों में विकास दर ऋणात्मक या स्थिर है। कमोबेश सभी विकसित देशों में मन्दी है। साहूकार देशों में मन्दी के बावजूद नागरिकों की प्रतिव्यक्ति आय उनके ख़ुशहाल जीवन स्तर को बनाये रखने के लिए पर्याप्त है। इसके विपरीत विकास दर सतत होने के बावजूद विकसित और विकासशील देशों में प्रति व्यक्ति आय जीवन रक्षक आय से भी कम है।

माँग और आपूर्ति दोनों ग़रीब और विकासशील देशों में हैं। फिर भी वहाँ की मुद्रा मज़बूत होने के बजाय कमज़ोर होती जा रही है। वहाँ के सकल घरेलू उत्पाद का वास्तविक मूल्य ऋणात्मक है या मामूली दर से बढ़ रहा है। वहाँ अमीर और ग़रीब की खाई बढ़ती जा रही है। श्रमिक वर्ग के लिए अनुकूल आधुनिक सुविधाएँ तो बढ़ रही हैं लेकिन उनकी ख़ुशहाली दिन-प्रतिदिन घट रही है। श्रमिक वर्ग की तनख़्वाह तो हर साल बढ़ रही है लेकिन तनख़्वाह की क्रयशक्ति हर साल घटती जा रही है।

हथियार दुनिया में कहीं और बन रहा है और मर कोई और रहा है। बनाने वाला सभ्य और चलाने वाला असभ्य! सैकड़ों प्रतिबन्ध होने के बावजूद जनसंहार का सामान फ़साद प्रभावित देशों में काफ़ी सुगमता से मिल जाता है। प्राकृतिक संसाधनों की प्रचुरता वाले ग़रीब देशों में काफ़ी अशान्ति है। वहाँ के लोग प्राकृतिक संसाधनों को बेच कर हथियार ख़रीदते रहे हैं। चौंकिए मत!

दुनिया के अधिकांश विकासशील और ग़रीब देश अपना ढेर सारा पैसा शान्ति आयात करने पर ख़र्च कर देते हैं।

एक साहूकार देश अगर एक आर्थिक समूह से अलग हो जाता है या वहाँ मामूली फ़साद हो जाता है या उनकी बेरोज़गारी में मामूली वृद्धि हो जाती है तो ग़रीब देशों की अर्थव्यवस्था डाँवाडोल होने लगती है।

अरे भाई देश है या जहाज़! हवा का झोंका अगर सागर में कहीं और आये और जहाज़ कोई और अस्थिर हो तो कुछ ना कुछ तो गड़बड़ है।

अर्थव्यवस्था का देशी सिद्धान्त यह कहता है कि किसी भी देश के लिए आत्मनिर्भरता और कौशल विकास का सूचकांक प्रतिभूति सूचकांक से ज़्यादा महत्त्वपूर्ण है। उपभोग की वस्तु का आयात अगर अल्पकालिक नहीं होगा तो आपकी अर्थव्यवस्था का नासूर बन जायेगा। धन हो या तकनीक अगर देशी नहीं है तो उससे बनने वाले उत्पाद को अपनी मजबूरी मत बनायें। नहीं तो अर्थव्यवस्था कभी भी तनाव से मुक्त नहीं होगी। अगर आपकी अर्थव्यवस्था साहूकारों के धन पर निर्भर है तो देश कभी भी आर्थिक रूप से स्वतन्त्र नहीं हो सकता।

अवतार लोक

बहुलोकीय इक्ष्वाकुराज का वर्णन सभी सभ्यताओं के अभिलेखों और ग्रन्थों में है। आधुनिक विकास की दिशा अब पुनः इसे हक़ीक़त में बदलने वाली है।

अब हम एक ऐसे शून्यलोक में प्रवेश करने वाले हैं जिसमें आदमी का दिमाग़ कृत्रिम डीएनए के लाखों गिगाबाइट डेटा से लोडेड होगा। मनुष्य के प्रकृतिप्रदत्त गुण-दोषों को कृत्रिम स्नायुतन्त्र पूरी तरह आच्छादित कर लेगा। सीमाविहीन, जैविक और भावनात्मक सम्बन्धों से परे संतृप्त समाज होगा।

पुराने सम्बन्धों की उदासीनता और नये सम्बन्धों की अराजकता का उलाहना देने की अब ज़रूरत नहीं, नर-नारी का अन्तर ही मिट जायेगा। बहुलिंगी और उभयलिंगी डीएनए से लोडेड मनुष्य के लिए लिंग परिवर्तन का विकल्प इच्छानुकूल होगा। सदाचार का धर्म, व्यभिचार का अधर्म और नग्नता का शर्म लिंगविहीन समाज में अपने आप अप्रासंगिक हो जायेगा।

सृष्टि के लिए अपेक्षित वस्त्र विहीन मूर्तियों को देवालयों में उकेरने की ज़रूरत नहीं।

कर्ता के सोच के सापेक्ष कामदेव और अप्सरा का अवतार पलक झपकते प्रकट हो जायेगा और उसकी वास्तविक अनुभूति के लिए सम्बन्धों के घेरे में बँधे रहने का झंझट ख़त्म हो जायेगा। क्षणिक प्रेम और स्नेह का बाज़ार (वेश्यालय) बन्द हो जायेगा। दर्शनस्पर्शन, उत्तेजना, आलिंगन, सहवास आभासी हो जायेंगे। विरह की वेदना से प्रसव की पीड़ा तक, सभी अनुभूतियाँ इतिहास के पन्नों में सिमट जायेंगी।

भूख का पेट से सम्बन्धविच्छेद हो जायेगा। पोषण के लिए परपोषिता, परजीविता और पराधीनता जैसे सम्बन्धों में हो रहे शोषण से समाज को मुक्ति

मिल जायेगी। दाना, पानी, दवा, दारू की असली और मिलावट वाली दोनों तरह की दुकानें बन्द हो जायेंगी। सुदूर बैठा दुकानदार ऑनलाइन आदेश से आपको मीठा, खट्टा, तीखा और चटखारे स्वाद से परिपूर्ण कर देगा। चटपटे आहार या सात्विक फलाहार की इच्छा होते ही शरीर में पहले से उपस्थित कृत्रिम आनुवंशिक तन्त्र उसे आपके जीभ तक पहुँचा देगा। निर्जला एकादशी की अनुभूति हो या सुरापान की संतृप्ति सभी के लिए आपके पास विकल्प उपलब्ध होंगे। ना देवालय जाने का झंझट ना शौचालय जाने की मजबूरी। कृत्रिम दिमाग़ वाले सजीव भगवान बेतार निरन्तर आपसे जुड़े रहेंगे। डीपफ़ेक अपवाद नहीं आवश्यकता बन जायेगी। नक़ली शब्द का शब्दकोश से लोप हो जायेगा।

डिजिटल अरेस्ट

ग़ैरपरम्परागत तरीक़े से जीने वाले कुशाग्रबुद्धि युवा, जो क़ायदे-क़ानून के पाबन्द नहीं हैं, अन्य उद्यमियों की तरह बहुत सारा धन कमाना चाहते हैं, आजकल लोगों को डिजिटली सम्मोहित कर मोटी कमाई कर रहे हैं। आप ईर्ष्या या प्रतिशोध में भले ही इन्हें ठग कह दें, लेकिन इनके हुनर और नवोन्मेषी सोच के क़ायल हुए बिना आप रह नहीं सकते। ये किसी भी बिज़नेस टाइकून से कम नहीं हैं। इनको भी डिजिटल यूनिकॉर्न का दर्जा दे देना चाहिए।

अख़बार के पन्नों से अगर इनका टाइमलाइन निकालें तो नियमित अन्तराल पर आपको नयी कहानी पढ़ने को मिलेगी। आपको ये कभी बोर नहीं होने देंगे। हिन्दी सिनेमा में इतनी कूबत नहीं, जो इनका मुक़ाबला कर सके। वायरस बनाने वाले भी इनके सामने टिक नहीं पा रहे हैं। प्रॉफिट वाला दो-तीन स्ट्रेन बनाने में ही इनकी नानी याद आ गयी है। लेकिन इन साइबर शहंशाहों का हर तरीक़ा नायाब और ब्लॉकबस्टर निकलता है।

लाखों डिजिटली प्रवीण लोग, डॉक्टर, इंजीनियर, व्यापारी, वकील, सरकारी मुलाजिम, सभी तरह के लोग इनके कस्टमर बन चुके हैं। सब बिना किसी ज़ोर ज़बरदस्ती के स्वतः इनको पैसा दे देते हैं। कच्चे कैश में ये कोई काम नहीं करते। सब कुछ डिजिटल और ऑनलाइन करते हैं।

दोस्त, प्रेमी, प्रेमिका के डिजिटल भेष में मेल भेज कर लोगों से पैसे माँगते हैं और हज़ारों लोग इन्हें सहर्ष पैसा दे देते हैं। लॉटरी की मोटी रकम की लालच में लाखों लोगों ने इन्हें लाख-दो लाख तक का ऑनलाइन ट्रान्सफ़र कर दिया है। सुरक्षित निवेश की तलाश में अनेको बुज़ुर्ग लोगों ने इनके पुष्पक बैंक में अपना पैसा निवेश कर दिया है।

आजकल इन प्रतिभावान उद्यमियों ने डिजिटल दुनिया में जीने वाले लोगों के लिए डिजिटल अरेस्ट नामक एक नयी सेवा शुरू की है। ऑनलाइन मुचलका लेकर बड़े ही पारदर्शी तरीक़े से ये अपराधबोध से ग्रसित लोगों को बरी भी कर देते हैं। इनके कृत्य को आप अपराध मान भी लें, तो भी इनके ख़िलाफ़ रपट लिखाने के लिए थाना ढूँढ़ना मुश्किल है।

इनका कृत्य आठवें आश्चर्य से कम नहीं है?

इस फेसलेस और शेमलेस समाज में, जहाँ कोई सगे पर भी विश्वास नहीं करता, वातानुकूलित शीशा बन्द गाड़ियों ने भिखारी गिरोहों की जहाँ रोटी (Return on Time Invested) कम कर दी हो, ट्रस्ट की इतनी कमी है कि परमार्थ के काम में लगे ट्रस्ट को भी अब चन्दा मिलना मुश्किल हो गया है। इस ज़माने में भी लाखों लोगों का विश्वास जीतने वाले इन जाँबाज़ों को सैलूट करने का मन करता है।

डिजिटल दुनिया के स्वप्नलोक में रहने वालों का संसार बिल्कुल अलग है। अब आमने-सामने जैसी कोई बात नहीं। लाइक और फॉलो करने की मियाद पूरी होते ही ये अवतार से प्यार कर लेते हैं। इलेक्ट्रॉनिक मुखाग्नि तो अब शुरू हो गयी है। इलेक्ट्रॉनिक सिन्दूर से ऑनलाइन शादी कर लेने की परम्परा जल्दी ही देखने को मिलेगी।

इनके झगड़ा करने का तरीक़ा अनोखा है। गाली-गलौज और मुँह फुलाना अब ट्रॉल और अनफॉलो में बदल गया है। जल्द ही, मारपीट, दंगा-फसाद का वर्तमान स्वरूप विलुप्त हो जायेगा। सब अपराध डिजिटल और वर्चुअल वर्ल्ड में होगें। साइबर सिपाही डीपफेक जज के आदेश से लोगों को डिजिटली अरेस्ट करेंगे। जेल भवन अतीत का हिस्सा होगा, जहाँ डिजिटल टूर कर सैलानी ही केवल जेल का लुत्फ़ उठा सकेंगे। जापानी लोग इसे हिकिकोमोरी जैसी बीमारी समझते हैं। लेकिन यह समय के हिसाब से बिल्कुल सामान्य है। यही नया वर्ल्ड ऑर्डर है।

खण्ड-2

सोच-विचार

मासूमियत की हद!
आज के ज़माने में भी ख़बर पहुँचाने के लिए कबूतर पोसते हैं!
मिज़ाज ख़राब होने पर मौसम को कोसते हैं!
दामन से दम घुटने का इल्ज़ाम भी दम्मे को देते हैं!
दवा की दी हुई मौत का इल्ज़ाम दुआ पर डाल देते हैं!
माना कि मिलावट है।
लेकिन मिलावट में वह दम कहाँ जो बदबू को ख़ुशबू में बदल दे।

बहुरि बन्दि खल गन सतिभाएँ

गोस्वामी तुलसीदास ने रामचरितमानस के प्रारम्भ में ही खल वन्दना लिखी है–

बहुरि बन्दि खल गन सतिभाएँ। जे बिनु काज दाहिनेहु बाएँ।।
पर हित हानि लाभ जिन्ह केरें। उजरें हरष बिषाद बसेरें।

अर्थात जो बिना किसी प्रयोजन के अपने हित के भी प्रतिकूल आचरण करते हैं। सभी के हित का नुक़सान भी जिनकी दृष्टि में लाभ है, जिनको अपनों के उजड़ने से हर्ष और बसने में विषाद होता है–वैसे लोगों के प्रति भी सद्भावना रखनी चाहिए और उन्हें भी सच्चे भाव से प्रणाम करना चाहिए।

आसुरी स्वभाव के व्यक्तियों को केन्द्र में रखकर गोस्वामी तुलसीदास जी की यह चौपाई आज के समय में सबसे ज़्यादा प्रासंगिक है। आप चाहें जितनी भी कोशिशें कर लें लेकिन आसुरी व ईर्ष्यालु स्वभाव के लोग कभी भी नहीं सुधरेंगे।

रामचरितमानस में खल मंगलाचरण के ज़रिये तुलसी अपने युग के उस आभिजात्य का व्यंग्यात्मक स्मरण करते हैं जो उन्हें सदैव सताता रहा था। मानस यानी लोकमानस। रामचरितमानस लोकमानस है। जो लोक में है वही लिखा है। राम का मानस लोकमानस हो गया। अगर हम मानस में गहरे पैठें तो हमें इसमें लोकजीवन के तमाम बहुमूल्य मोती मिलते हैं।

समरथ को नहीं दोष गुसाईं

इतनी भीड़ है फिर भी आदमी कितना अकेला हो गया है? सुधारने और सुधरने का वक़्त आ गया है। नहीं तो आर्टिफ़िशियल इंटेलिजेंस से आदमी की उपयोगिता ख़त्म हो जायेगी। प्यार, तकरार, ईर्ष्या, द्वेष, सुख, दुःख जैसी सारी भावनाएँ-संवेदनाएँ सब मशीन के भरोसे होगा और धरती से एक और जीव विलुप्त हो जायेगा।

शादी और सन्तति अब दिल का नहीं, प्लानिंग का मामला बन गया है। मानवीय सम्बन्धों और सन्तति के सृजन के सभी सामान सुगमता से बाज़ार में उपलब्ध हैं। दत्तक ग्रहण केन्द्र (Adoption Centre) में बना-बनाया बच्चा उपलब्ध है। नहीं पसन्द आये तो आप अपने हिसाब से बनवा सकते हैं। बनावटी निषेचन केन्द्र (IVF centre) पर सारी सुविधाएँ उपलब्ध हैं। सामाजिक और क़ानूनी रूप से पूरी तरह वैध भी है। अब केवल कुछ दिनों के लिए माँ-बाप का रोल करना है।

स्पर्म और ओवम डोनेशन, सरोगेसी (भाड़े पर कोख) पूरी तरह जायज़ है तो नवजात के लिए दूध का व्यापार नाजायज़ कैसे? कुछ भी अटपटा नहीं है। माँ की ममता का प्रतीक, गाय, भैंस, बकरी, ऊँट का दूध, पहले से बिक रहा था, इस सूची में नया प्रॉडक्ट मनुष्य का दूध जुड़ गया है। आदमी के दूध की ख़रीद-बिक्री पर क़ानूनी प्रतिबन्ध पूरी तरह से असंगत है। आदम मानव के ज़माने में भी उचित-अनुचित पर चर्चा आम लोगों तक सीमित थी। ख़ास लोग अपनी भौतिक और भावनात्मक ज़रूरतें छीन कर ही पूरी करते थे। सामर्थ्यवान द्वारा छीन लेने या फिर ख़रीद लेने का प्रचलन आदिकाल से है।

"समरथ को नहीं दोष गोसाईं, रवि सुरसरि पावक की नाईं।" (सामर्थ्यवान व्यक्ति को नियम विरुद्ध आचरण का दोषी नहीं माना जाता है। वैसे ही जैसे सूर्य की गर्मी कितनी भी तीव्र क्यों न हो, चाहे गंगाजी कितने भी क्षेत्र को डुबा दें और अग्नि कुछ भी भस्म कर दे किन्तु उन्हें दोषी नहीं ठहराया जाता है।) जिसके पास जितना शारीरिक सामर्थ्य, उसका उतने ही संसाधनों पर क़ब्ज़ा। जब धन में इतनी कूबत नहीं थी कि बल को मात दे सके, तब शक्तिशाली व्यक्तियों का समाज में बोलबाला था।

शक्तिकाल में पैशाच और राक्षस विवाह की प्रथा थी। दोनों तरह की प्रथाओं में चुनाव करने वाला प्राणी चुने जाने वाले की इच्छा का सम्मान नहीं करता था। जीवनसाथी हो, जनप्रतिनिधित्व हो, सबकुछ बल के प्रताप से हासिल होता था। शक्तिशाली व्यक्ति ही पराक्रमी होता है। विकास के साथ ही संग्रह करने की प्रवृत्ति और धूर्तता बढ़ती गयी। धन धीरे-धीरे बल से आगे निकल गया। प्यार की ख़रीद-बिक्री शुरू हो गयी। जीवन साथी के चुनाव में भी धन का इस्तेमाल होने लगा।

आदर्श विवाह में प्रेम और मेलमिलाप से ज़्यादा दोनों परिवारों की आर्थिक हैसियत का मिलान होता है। दहेज पर सहमति होते ही परिवारों के बीच सभी गुण स्वतः मिल जाते हैं। शादी के जोड़ों के सम्बन्ध की गाँठ की मज़बूती भी इसी पर निर्भर होती है। लड़के के धन अर्जन की क्षमता उसकी बाकी सारी योग्यताओं पर भारी पड़ती है। यहाँ तक कि प्रेम विवाह में भी परिवार नहीं तो प्रार्थी की हैसियत उसे और हसीन बना देती है। तोंदू धन्नासेठ और दिव्यांग सरकारी नौकर अष्टांग योग में महारत हासिल नटराज से भी ज़्यादा आकर्षक बन जाता है। ऐसे में मनुष्य के दूध के व्यापार में कोई नैतिक और सामाजिक अड़चन नहीं है। विकासोन्मुख मनुष्य के धन सृजन के इस नये आयाम से मनुष्य विकास यात्रा की पूर्णता के और क़रीब पहुँच जायेगा।

टी फॉर टोमेटो

खेतिहर समाज द्वारा अपने बच्चों को खेती और पशुपालन से दूर रखने की मुहिम कितनी ख़तरनाक साबित हो सकती है इसे इस उदाहरण से समझा जा सकता है। बैकटाई छोड़ कर नेकटाई के पीछे भागने का नतीजा कई देशों में सामने आ रहा है। हाल ही में देखने को मिला है कि ब्रिटेन में लोगों को दो टमाटर और दो खीरे से ज़्यादा प्रतिदिन ख़रीदने की इजाज़त नहीं है। कई पड़ोसी देशों तथा अफ्रीका के कई देशों में राशन की भारी किल्लत है।

कृषि, पशुपालन, योग, व्यायाम और पारिवारिक हुनर आपकी नैसर्गिक ताक़त है। जिस तरह से बहुत से देशों में आर्मी की ट्रेनिंग अनिवार्य है। उसी तरह से खेती किसानी का सामान्य ज्ञान भी अनिवार्य कर देना चाहिए। कृषि को फिर से एक नयी क्रान्ति की आवश्यकता है। कृषि क्रान्ति भारत की तस्वीर बदल सकती है। दिक़्क़त केवल इस बात की है कि किसान का बेटा किसान नहीं बनना चाहता और किसान स्वयं अपने बच्चों को कृषि कार्य में नहीं रखना चाहता है।

इसी तरह कृषि की पढ़ाई करने वाला युवा भी वापस गाँव में जाकर खेती नहीं करना चाहता है। युवा जोखिम लेने के लिए जाने जाते हैं। उन्हें आगे बढ़कर कृषि को बेकारों, बेगारों और निरक्षरों का पेशा मानने की मानसिकता पर पूर्ण-विराम लगाने की आवश्कता है। इससे न केवल युवाओं के अच्छे दिन आ सकते हैं बल्कि भारत फिर से बुलन्दी पर पहुँच सकता है। निश्चित मानिए कि "विकसित भारत का रास्ता युवाओं, खेतों और खलिहानों से होकर ही गुज़रेगा।"

फल-फूलों की खेती, मशरूम की खेती, पशुपालन एवं दुग्ध उत्पादन, मिल्क प्रोडक्ट तैयार करना, क्राफ्टेड फल के पौधे तैयार करना, खाद-बीज की दुकान लगाना, कुक्कुटपालन, मधुमक्खी पालन, सजावटी पौधों की नर्सरी खोलना, खाद्य प्रसंस्करण और आँवला, तिलहन, दलहन की प्रोसेसिंग यूनिट लगाना सभी कृषि कर्म के अन्तर्गत आते हैं।

वर्तमान में देशभर में 73 कृषि विश्वविद्यालय हैं। इन विश्वविद्यालयों में कृषि की पढ़ाई गुणवत्तापूर्ण तरीक़े से हो रही है। साथ ही भारत का इजरायल के साथ कृषि शोध को लेकर करार हुआ है। कुल मिलाकर कृषि क्षेत्र में भविष्य उज्ज्वल दिखाई दे रहा है। अगर अब भी किसान परिवार के युवा नौकरियों के पीछे भागते रहे तो ब्रिटेन की स्थिति आने में बहुत देर नहीं लगेगी। पारिवारिक पेशे की जानकारी नहीं रखने वालों से बड़े प्रबन्धन के काम में दक्ष होने की उम्मीद नहीं करनी चाहिए।

उत्तम खेती मध्यम बान

उत्तम खेती मध्यम बान
निकृष्ट चाकरी भीख निदान

यह पंक्तियाँ अपने समय के मशहूर कृषि व मौसम वैज्ञानिक घाघ की हैं। दो पंक्तियों के इस कवित्त में उन्होंने जीवन का फलसफ़ा समझा दिया है। सबसे अच्छा काम कृषि कर्म है उसके बाद व्यवसाय है। सबसे निचला पायदान नौकरी का है। लेकिन आज उल्टी गंगा बह रही है। लोग खेती-किसानी छोड़कर लाला की नौकरियों के पीछे भाग रहे हैं।

इसे यूँ समझिए कि किसान के गेहूँ की क़ीमत है 25 रुपये किलो। उसी गेहूँ से बने आटे की क़ीमत मध्यम वर्ग के लिए 55 रुपये किलो है। किसान के अमीर बेटे के लिए आटे का नान/कुलचा 1000 रुपये किलो। यानी अगर तरीक़ा पता हो और कुछ करने का जज़्बा हो तो 25 रुपये के गेहूँ को एक हज़ार का बनाया जा सकता है।

खेती ख़राब है। कोई फ़ायदा नहीं है। चाहे जो हो खेत बेच कर बच्चे को अंग्रेज़ी मीडियम स्कूल में पढ़ाना है। बच्चा बस खेती किसानी से दूर रहे। यही किसान माँ-बाप की चाहत है। बच्चा सब कुछ पढ़ेगा लेकिन अपने सीखने की उम्र (15-25 वर्ष) में खेती और रोज़गार के बारे में कुछ नहीं सीखेगा। करेगा तो किसी भी तरह की नौकरी करेगा।

खेत देखा नहीं। वयस्क होने तक कुछ सीखा नहीं। डिग्री के बोझ तले दबा कन्फ्यूज़ बालक अब फिर से नयी जीवन यात्रा पर निकल गया। किसान का बेटा थक-हार जाने के बाद पिज्जा/नान/कुलचा वाले के होटल में टाई

लगाकर काम करने लगा। 25 रुपये किलो वाले गेहूँ के आटे की रोटी 1000 रुपये किलो में बेचने वाले का नौकर बन गया।

एक दिन खाये बिना ना अमीर रह सकता है ना ग़रीब। खाने का सामान पैदा करने वाला ग़रीब और बेचने वाला अमीर। इस कुचक्र के लिए भगवान के अलावा कौन दोषी हो सकता है? क्या यह स्थिति 100 साल पहले भी ऐसी थी? बिल्कुल नहीं।

मेरी समझ में इस विकृति का एक ही कारण है। किसानी को निकृष्ट मानने वाले ग़रीब हैं और कृषि को धन्धा समझने वाले अमीर। आज भी खेत उतना ही लाभकारी है लेकिन आपके अहंकार और अज्ञानता के कारण नुक़सानदेह हो गया। जिस दिन आप अपने पुरखों के काम को सम्मान से देखने लगेंगे, संगठित होकर गेहूँ से रोटी तक बनाने लगेंगे, हज़ार रुपया आपका होगा और आपका आत्मसम्मान वापस लौट आयेगा।

चलो एक बार फिर से अजनबी बन जायें

दुनिया के सभी भूभाग का कुछ ऐसा लिखित प्राचीन इतिहास है जिसमें तकनीकी उत्कृष्टता का ऐसा वर्णन है जो चमत्कार लगता है। लोगों को इन ग्रन्थों पर विश्वास तो है लेकिन इन्हें दैविक कृत्य मानकर इनकी पुनरावृत्ति पर सन्देह रखते हैं।

रामायण में वर्णित पुष्पक विमान और महाभारत में संजय द्वारा हस्तिनापुर नरेश धृतराष्ट्र को आँखों देखा हाल बताना कुछ दशकों पहले तक कोरी कल्पना ही मानी जाती थी। लेकिन आज यह हवाई जहाज़ और टेलीविज़न के रूप में हमारे दैनिक जीवन का अभिन्न हिस्सा है।

सवा सौ साल पहले तक हवाई जहाज़, दूरभाष पर बातचीत एक पहेली थी। सोशल मीडिया आने से पहले मन की बात जानने वाले ऋषि-मुनियों की कहानी पर यक़ीन नहीं होता था लेकिन आज यह हक़ीक़त है। आज आप जितना छुपाएँ सुदूर बैठे लोग यह पता कर लेते हैं कि आपको क़ब्ज़ और बवासीर है और आपके बिना पूछे दवा का सुझाव भेज देते हैं। आप पहाड़ों में घूमने का मन बनायें और थोड़ी ही देर में मन में उमड़ रहे पर्वत की ख़ूबसूरत तस्वीर, हवाई जहाज़ का विकल्प और रमणीक विश्रामालय आपके जीवनसाथी के स्क्रीन पर दिखने लगता है।

श्राप और वरदान के फलीभूत होने की पहेली अब सच होने वाली है। आर्टिफ़िशियल इंटेलिजेंस और डिजिटल जेनेटिक्स तेज़ी से विकसित हो रहे हैं। अब वह दिन दूर नहीं जब चेहरा पढ़ कर मशीन आपको आपकी जन्मकुण्डली बता दे या ऋषि (वैज्ञानिक) पूरी दुनिया के लोगों की जन्मकुण्डली एक सूक्ष्म चिप में रखकर भूत, वर्तमान और भविष्य की दूरी को सदा के लिए मिटा दें।

नश्वर शरीर की अवधारणा को हक़ीक़त में बदल दें और कुछ ऋषि हज़ारों वर्षों तक मनुष्य को सेवा देते रहें।

उत्कृष्ट तकनीक का प्रदर्शन ज्ञान के अभाव में जादू और चमत्कार जैसा ही लगता है। इस पीढ़ी ने तो अनेको पहेलियों को हक़ीक़त में बदलते देखा है। इसलिए हज़ारों सालों से क़लमबद्ध कहानियों को हक़ीक़त मानने से परहेज करने का अब कोई कारण नहीं है।

आइए महाभारत और रामायण काल यानी द्वापर और त्रेता युग से आज की तुलना करें। उस समय की सभ्यता काफ़ी विकसित थी। उस समय के युद्ध, यातायात और संचार के संसाधन आज भी चमत्कार ही दिखते हैं। आज की तकनीक से बेहतर विमान तथा संचार के उपयोग का वर्णन रामायण और महाभारत में है। हनुमान जी ख़ुद उड़ कर किष्किन्धा से लंका चले गये। रावण के पास पुष्पक विमान था जिसे उसने अपने सौतेले भाई कुबेर से छीना था। प्रभु श्रीराम को इन्द्र ने अपना विमान युद्ध के ठीक पहले दिया। महाभारत काल में शाल्व का सौभ विमान शाल्व ने भगवान शिव की तपस्या कर उनसे वर में लिया था जो मन की गति से भी तेज़ चलता था।

विमान (जेट), इलेक्ट्रॉनिक युद्ध (माया) और अस्त्र (मिसाइल) के उपयोग वाले रामचरितमानस के कुछ दृष्टान्त इस प्रकार हैं :

देवन्ह प्रभुहि पयादें देखा। उपजा उर अति छोभ बिसेषा॥
सुरपति निज रथ तुरत पठावा। हरष सहित मातलि लै आवा॥

भावार्थ:–देवताओं ने प्रभु को पैदल (बिना सवारी के युद्ध करते) देखा, तो उनके हृदय में बड़ा भारी क्षोभ (दुःख) उत्पन्न हुआ। (फिर क्या था) इन्द्र ने तुरन्त अपना रथ भेज दिया। (उसका सारथी) मातलि हर्ष के साथ उसे ले आया॥

रथारूढ़ रघुनाथहि देखी। धाए कपि बलु पाइ बिसेषी॥
सही न जाइ कपिन्ह कै मारी। तब रावन माया बिस्तारी॥

भावार्थ:–श्री रघुनाथजी को रथ पर चढ़े देखकर वानर विशेष बल पाकर दौड़े। वानरों की मार सही नहीं जाती। तब रावण ने माया फैलाई।

सो माया रघुबीरहि बाँची। लछिमन कपिन्ह सो मानी साँची।।
देखी कपिन्ह निसाचर अनी। अनुज सहित बहु कोसलधनी॥

भावार्थ:–एक श्री रघुवीर को ही वह माया नहीं लगी। सब वानरों ने और लक्ष्मणजी ने भी उस माया को सच मान लिया। वानरों ने राक्षसी सेना में भाई लक्ष्मणजी सहित बहुत से रामों को देखा।। (इलेक्ट्रॉनिक वारफेयर का उत्कृष्ट उदाहरण)

कहि दुर्बचन क्रुद्ध दसकंधर। कुलिस समान लाग छाँड़ै सर॥
नानाकार सिलीमुख धाए। दिसि अरु बिदिसि गगन महि छाए॥

भावार्थ:–दुर्वचन कहकर रावण क्रुद्ध होकर वज्र के समान बाण छोड़ने लगा। अनेक आकार के बाण छूटे और दिशा, विदिशा तथा आकाश और पृथ्वी में, सब जगह छा गये।

पावक सर छाँड़ेउ रघुबीरा। छन महुँ जरे निसाचर तीरा॥
छाड़िसि तीव्र सक्ति खिसिआई। बान संग प्रभु फेरि चलाई॥

भावार्थ:–श्री रघुवीर ने अग्निबाण छोड़ा, (जिससे) रावण के सब बाण क्षणभर में भस्म हो गये। तब उसने खिसियाकर तीक्ष्ण शक्ति छोड़ी, (किन्तु) श्री रामचन्द्रजी ने उसको बाण के साथ वापस भेज दिया।। (मिसाइल और उसको नष्ट करने वाले मिसाइल वाले युद्ध का प्रमाण)

विश्वयुद्ध के पहले तक शस्त्र युद्ध का सबसे कारगर हथियार था। आज शस्त्र एक निरीह औज़ार बन कर रह गया है। युद्ध में मनुष्य के सहयोगी पशुओं घोड़े-हाथी की जगह अनाथालय में रह गयी है। शस्त्र के रूप में पहले भाला और गोला ही दिखते थे। आज का युद्ध केवल अस्त्र से लड़ा जा रहा है।

द्वापर और त्रेता के युग में एविएशन और डिजिटल तकनीक का भरपूर उपयोग हुआ था। रोमन, पर्शियन और ग्रीक इतिहासों में केमिकल और जैविक हथियारों के उपयोग की कथा है। विश्वयुद्ध के दौरान या पिछले सौ सालों में कई तरह के ज़हर और जीवाणुओं/विषाणुओं का उपयोग युद्ध के दौरान हुआ। इन्फ्लुएंजा, स्मॉलपॉक्स और प्लेग शायद बिन बुलाये मेहमान की तरह नहीं थे। आज डिजिटल और बायोटेक्नोलॉजी के तकनीक में क्रान्ति आने के बाद अब युद्ध का स्वरूप बिल्कुल बदल गया है।

21वीं सदी की पहली महामारी ख़त्म होने पर है लेकिन महामारी के मन्थन से केवल विष निकल रहा है। महामारी से बचे लोग ठगे महसूस कर रहे हैं। आधुनिक राजर्षि तथा ऋषि-मुनियों को अब सन्देह की दृष्टि से देखा जा रहा है। प्रकृति भी अपनी नाख़ुशी व्यग्रता से प्रकट कर रही है। दुनिया के अधिकांश भूभाग में बाढ़ और सूखा रिकॉर्ड बना रहा है। आपदा से उबरने के समय परस्पर समन्वय और एकजुटता दिखाने के उलट पूरी दुनिया युद्ध की तैयारी में लगी हुई है। आज दुनिया में सभी जगह अविश्वास का माहौल है। यह अपशकुन से कम नहीं है।

दो कालखण्ड जिसके ग्रन्थ आज भी जनमानस में तरोताज़ा हैं। उनको देखकर यही लगता है कि अगर विकसित सभ्यता में मानव मूल्यों का ह्रास हो जाये तो सभ्यता का समापन समीप आ जाता है। जादू और चमत्कार की कला अगर शैतान को ज्ञात हो जाये तब समझो सत्यानाश सामने है। पिछले सौ डेढ़ सौ सालों का बदलाव इसी ओर इशारा करता है कि शायद अब यह सभ्यता भी ढलान की ओर है। तकनीक अपने चरम पर है और सर्वनाश के लिए ज़रूरी संसाधन प्रचुर मात्रा में उपलब्ध हैं।

बस अब कुछ शैतान सामर्थ्यवानों के सिरफिरे होने की देर है और सब कुछ पुनः हज़ारों सालों पहले की स्थिति में पहुँच जायेगा। शायद यह स्थिति आ भी गयी है। कुछ भी सम्भव है। हो सकता है, फिर स्थिति सामान्य हो जाय लेकिन जिस गति से मनुष्यत्व का ह्रास हो रहा है उससे लगता है कि कहीं फिर हम जादू और चमत्कार की दुनिया में तो वापस नहीं जाने वाले हैं?

कहाँ से आयी जाति-व्यवस्था

पिछले डेढ़ दो-सौ सालों में जो भी कुछ हुआ है उससे धूर्तता काफ़ी बढ़ी है। इसी धूर्तता से मनुष्य समूल सर्वनाश की ओर अग्रसर है। शान्ति की माला जपते-जपते युद्ध के संसाधनों का बेहिसाब उत्पादन। विलासितापूर्ण विकास के लिए प्राकृतिक संसाधनों का अन्धाधुन्ध दोहन, मदद के नाम पर ग़रीब देश के लोगों का शोषण और अन्त में उद्देश्य विहीन युद्ध। यह सब मनुष्य की बढ़ी हुई धूर्तता और मूर्खता को दर्शाता है। इसी कड़ी में मनुष्य धर्म और जाति के आधार पर वर्गीकरण सुदृढ़ कर कई जगहों पर आपस में लड़ रहा है।

विश्व की सबसे पुरानी सभ्यता जो वैज्ञानिक और आध्यात्मिक चेतना के चरमोत्कर्ष पर रही है। वहाँ भी धर्म और जाति का घेरा काफ़ी मज़बूत है। कर्म आधारित वर्ण का प्रमाण भी है और आज भी व्यवहार में है लेकिन जाति का भूत अभी भी दिमाग़ से निकल नहीं रहा है। जबकि हमारे किसी भी धर्मग्रन्थ में जाति का ज़िक्र तक नहीं है। यहाँ तक कि मनुस्मृति में भी आजकल की प्रचलित जातियों के बारे में कहीं कोई उल्लेख नहीं है। मनु ने वयोवृद्ध शूद्र को सबके सम्मान के योग्य माना है।

वर्ण-व्यवस्था में चार वर्ण ब्राह्मण, क्षत्रिय, वैश्य और शूद्र हैं। इन चारों वर्णों का कर्म निर्धारण गुण, कर्म, स्वभाव के आधार पर है। समाज का ज्ञानी वर्ग ब्राह्मण, सैनिक वर्ग क्षत्रिय, व्यापारी वर्ग वैश्य और सेवक वर्ग शूद्र है। मैं दावे के साथ कह सकता हूँ कि मनुवाद को गा़ली के तौर पर इस्तेमाल करने वाले किसी भी व्यक्ति ने मनुस्मृति का अध्ययन नहीं किया होगा। अगर किया होता तो वह इस तरह की ओछी बातें कदापि नहीं करता।

मनुस्मृति में कहीं भी शूद्रों को अछूत नहीं माना गया है। बल्कि ब्राह्मण, क्षत्रिय व वैश्य कुल में पैदा हुआ व्यक्ति भी शिक्षित या ज्ञानवान नहीं है तो वह शूद्र है और शूद्र कुल में पैदा हुआ व्यक्ति भी अपने कर्मों से ब्राह्मण, क्षत्रिय या वैश्य बन सकता है। मनु ने शूद्रों को कर्म की श्रेष्ठता के आधार पर ब्राह्मण, क्षत्रिय और वैश्य बनने का विधान किया है।

कितनी अजीब बात है कि बग़ैर पढ़े मनुस्मृति पर आरोप मढ़ा जाता है कि इस धर्मग्रन्थ ने जन्म आधारित जाति-व्यवस्था बनायी जबकि सच्चाई यह है कि मनुस्मृति के दसवें अध्याय का 65वाँ श्लोक जन्म आधारित व्यवस्था को पूरी तरह से ख़ारिज करता है। श्लोक कहता है–

शूद्रो ब्राह्मणताम् एति ब्राह्मणश्चैति शूद्रताम्।
क्षत्रियात जातिमेवं तु विद्याद वैश्यात्तथैव च।।

अर्थात गुण, कर्म, योग्यता के आधार पर ब्राह्मण शूद्र बन जाता है और शूद्र ब्राह्मण। इसी प्रकार क्षत्रिय और वैश्य का भी गुण, कर्म, स्वभाव के आधार पर वर्ण परिवर्तित हो सकता है। स्कन्दपुराण में भी कहा गया है–

जन्मना जायते शूद्रः संस्काराद्विज उच्यते।
वेदपाठात् भवेत् विप्रः ब्रह्म जानाति ब्राह्मणः।।

अर्थात् जन्म से तो सभी शूद्र होते हैं परन्तु संस्कार से द्विज, वेद के पठन-पाठन से विप्र यानी विद्वान और जो ब्रह्म को जान लेता है वह ब्राह्मण हो जाता है। इसी बात को श्रीमद्भगवद्गीता में भगवान श्रीकृष्ण ने भी अर्जुन को उपदेश देते हुए कहा है–

ब्राह्मणक्षत्रियविशां शूद्राणां च परन्तप।
कर्माणि प्रविभक्तानि स्वभावप्रभवैर्गुणैः॥

अर्थात ब्राह्मण, क्षत्रिय, वैश्य तथा शूद्र जन्म से नहीं बल्कि कर्म स्वभाव से उत्पन्न गुणों द्वारा विभक्त किये गये हैं।

इन सब उदाहरणों से स्पष्ट है कि जाति-व्यवस्था हमारे धर्मग्रन्थों ने नहीं बनायी है। यह व्यवस्था किसी कुरीति की उपज है। जाति आधारित छुआछूत किस तरह से शुरू हुई होगी इसकी एक झलक कोरोना काल में देखने को

मिली। हाथ और गले मिलने-मिलाने वाले समाजसेवी लोग भी हाथ जोड़कर नमस्कार करने से परहेज कर रहे थे।

अतीत में शायद, छुआछूत जैसी सामाजिक कुरीति भी, किसी महामारी के बाद, अज्ञानता के कारण प्रथा बन गयी होगी और सक्षम व अमीर लोगों ने इसे अपनी शान से जोड़ लिया होगा।

आर्थिक हैसियत दो-तीन पुस्त के लोगों के बीच ऊँच-नीच की खाई पैदा कर देती है। अमीर परिवार अपने ही कुल के ग़रीब लोगों के साथ बैठ कर खाने-पीने से भी परहेज करने लगता है। इसलिए जातिगत गोलबन्दी और प्रतिस्पर्धा कर मानवता का अहित करना, अज्ञानता से ज़्यादा कुछ भी नहीं है। यह अवधारणा भी एकदम ग़लत है कि अतीत के छुआछूत और अवसरवादी अत्याचार के लिए कोई परिवार या उसका समूह दोषी है।

क्या एक जाति के लोग एक ही कुल के हैं? अगर हाँ, तो विभिन्न जातियों में समान गोत्र के लोग क्यों पाये जाते हैं? उदाहरणतः कश्यप गोत्र के ब्राह्मण, भूमिहार, क्षत्रिय, कायस्थ, जाट, केवट बड़ी संख्या में मिल जायेंगे। उसी तरह कई गोत्र अनेक जातियों में फैले हुए हैं। जिनके गोत्र एक हैं उनके डीएनए में भी काफ़ी समानता होगी। एक गोत्र के लोग, सदियों से इनब्रीडिंग से बचने के लिए, आपस में शादी नहीं करते रहे हैं और हमारे धर्मग्रन्थों में दूसरी जाति में शादी करने के अनेक दृष्टान्त हैं।

फिर जाति के प्रति सामूहिक वफ़ादारी और समर्पण की भावना का कारण क्या है? इसका उत्तर जानने की कोशिश करते हैं।

इस प्रवृत्ति के मनोविज्ञान का दर्शन विश्वविद्यालयों के छात्रावासों में आसानी से किया जा सकता है। ईर्ष्या, द्वेष और वैमनस्य के बिना ही क्लास, हॉस्टल, क्षेत्र के आधार पर विद्यार्थी बँट जाते हैं और इसी आधार पर लड़ते भी हैं।

हाल ही में एक कवि और चिकित्सक में झगड़ा हुआ तो देश के सारे चिकित्सक जाति के लोग धर्म जाति की परवाह किये बिना, कवि जी के पीछे पड़ गये। इतना भी ख़याल नहीं किया कि उनके नाम में भी डॉक्टर लगा हुआ है।

कचहरी में किसी न्याय मित्र की तरफ़ आँख उठाने तक की धृष्टता कर के देखिए, आपको कुल खूँट वाली सारी भावनाएँ टूटती नज़र आयेंगी। रिक्शा टेम्पू स्टैंड में सवारी की सीट पर बैठा, सालों से रिक्शा चलाने वाला चालक, थोड़ी-सी कहासुनी में पिट जाये तो इसमें आश्चर्य की बात नहीं। हो सकता है मारने और मार खाने वाले एक ही जाति के हों।

सब्जी बाज़ार से लेकर चोर बाज़ार तक, सभी व्यवसायिक समूहों में वफ़ादारी और एकता जाति धर्म से काफ़ी ऊपर है। आधुनिक जातिगत समूह जैसे अधिकारी, व्यापारी, डॉक्टर, वकील, शिक्षक आदि जन्म से नहीं, कर्म से बने हैं और अपनी जाति के प्रति समर्पित और वफ़ादार भी हैं।

जाति निःसन्देह एक परिवार के सदस्यों का समूह नहीं है, बल्कि एक तरह के पेशे और काम के आधार पर वर्गीकृत लोगों का समूह है। जाति मुग़ल और ब्रिटिश काल में आक्रान्ताओं का बड़ा हथियार बन गया और आज के राजनेताओं का भी है।

पेड़-पौधों, जीव-जन्तुओं के वर्गीकरण का आधार वैज्ञानिक है। कौकेशियन, मंगोल, नीग्रो, भारतीय, अमेरिकन, मलाया जैसे रेस का आधार वैज्ञानिक है। लेकिन इसके अतिरिक्त मनुष्य का वर्गीकरण पूरी तरह अवैज्ञानिक है। जीववैज्ञानिकों और समाजशास्त्रियों ने मनुष्य का वर्गीकरण वैज्ञानिक आधार पर किया तो ज़रूर है लेकिन अमीर और ग़रीब के बीच बँटी दुनिया इसको मानने के लिए तैयार नहीं है। अन्य विकृतियों की तरह यह विकृति भी समाज के सर्वनाश की ओर अग्रसर ठेकेदारों की सोच के अनुकूल है। अतः इस दिवाली इस अन्धकार को भी अपने सोच से हटाने की ज़रूरत है ताकि भय और भ्रम के कुहरे का दमन कर मनुष्य ग़रीबी और असमानता के कुचक्र को रोक सके नहीं तो, छोटे नफ़े के चक्कर में बड़ा नुक़सान हो जायेगा।

एंटीबायोटिक खाने से बचें

दुनिया की सभी प्रतिष्ठित शोध पत्रिकाओं में यह बात नियमित रूप से छप रही है कि एंटीबायोटिक खाने की वजह से दुनिया में महामारी जैसी स्थिति हो गयी है।

वर्ष 2019 में अनुमानतः पूरे विश्व में पचास लाख से ज़्यादा लोग बिना ज़रूरत के एंटीबायोटिक खाने से मरे हैं। उसके बाद के पाँच सालों में कोविड और अन्य संक्रामक बीमारियों से मरने वालों के आँकड़ों को जोड़ दें तो स्थिति बहुत ही भयावह है।

विकसित देशों में एंटीबॉयोटिक्स बिना डॉक्टर की सलाह के ख़रीदना सम्भव नहीं है और डॉक्टर भी बिना जाँच के एंटीबॉयोटिक्स खाने का पुर्जा नहीं लिख सकता है।

व्यंग और आलोचना की नहीं, बेवजह बढ़ती चिताओं की चिन्ता करने की ज़रूरत है। लैंसनेट जैसी प्रतिष्ठित शोध पत्रिका में एंटीबायोटिक पर लिखा गया लेख ज़रूर पढ़ें और बुख़ार के होने के अगले ही दिन से एंटीबॉयोटिक्स खाने की प्रवृत्ति से बचें।

मौसम बदलने पर वायरल बुख़ार, सर्दी-खाँसी होना सामान्य बात है। बीमार पड़ने पर आप डॉक्टर सहित जिस किसी से भी सलाह लेते हों, उसको भी यह लेख पढ़ाइए। इंटरनेट पर स्वयं भी पढ़िए। किसी भी जगह वायरल बुख़ार में एंटीबायोटिक खाने की सलाह नहीं दी जाती है। आप केवल दवा लिखने वाले से कारण पूछ देंगे तो आपके पुर्जे की दवा कम हो जायेगी। अपने जान की परवाह अगर नहीं भी है तो भी आप एंटीबॉयोटिक्स का उपयोग कम कर दुनिया को एक और भयंकर महामारी की ओर बढ़ने से बचा लेंगे।

टैबलेट की ग़ुलामी

जैसे ग़म भुलाने के लिए, दिन भर की थकान को दूर करने के लिए, रसूख रखने वाले रईसजादे दारू का सहारा लेते हैं। ठीक उसी तरह बुद्धिमान और पढ़े-लिखे लेकिन नासमझ लोग बीमारी के दर्द से बचने के लिए दवा का सहारा लेते हैं। दवा का असर दारू और सिगरेट से भिन्न नहीं है।

तीनों आपके कष्ट का तात्कालिक रूप से निवारण कर बीमारी ठीक हो जाने का भ्रम पैदा करते हैं। धीरे-धीरे आपको इसकी लत लग जाती है। बहुत सारे देवियों और सज्जनों पर दवा की सामान्य खुराक का कोई असर ही नहीं होता क्योंकि दवा इनके दैनिक भोजन का अनिवार्य हिस्सा है। लगातार उपयोग करने से दवा की कम ख़ुराक का असर ऐसे लोगों पर होता ही नहीं।

अधिकांशतः जीवित कारक (जीवाणु, विषाणु, कवक इत्यादि) से होने वाली बीमारी से ही आये दिन हमारा पाला पड़ता है। बीमारी के प्रत्येक जीवित कारक के विरुद्ध लड़ने के लिए मानव शरीर रक्षात्मक दस्ता तैयार करता रहता है। वास्तव में टीकाकरण में जीवाणु के अधमरे कारक से संक्रमित कर उस बीमारी के विरुद्ध रक्षात्मक दस्ता तैयार किया जाता है।

प्रकृति में शायद ही ऐसी कोई बीमारी है जिसको आपका शरीर अपनी आन्तरिक रक्षण प्रणाली के द्वारा नियन्त्रित न कर ले। दवा शरीर की प्रतिरोधी क्षमता के बनने से पहले ही बीमारी को नियन्त्रित कर लेती है। लेकिन ऐसा बार-बार करने से आपका शरीर विभिन्न बीमारियों के ख़िलाफ़ प्रतिरोधी क्षमता बनाना ही भूल जाता है। परिणामस्वरूप आप दवा के ग़ुलाम हो जाते हैं।

दवा की ज़रूरत तो कुछ एक ज़िद्दी जानलेवा जीवाणुओं के लिए ही है। बाक़ी बेचारों के लिए तो आपके शरीर की प्रतिरोधक क्षमता ही काफ़ी

है। विषाणुओं से होने वाले रोगों पर एंटीबायोटिक तो एकदम बेअसरदार है। लेकिन समय और सब्र की कमी के चलते आप अपनी शरीर की प्रतिरोधक क्षमता को काम नहीं करने देते। व्यावसायिक कारणों से डॉक्टर साहब को भी कोई ना कोई ज़्यादा मुनाफ़ा वाला एंटीबायोटिक खिलाना पड़ता है।

चिकित्सक-मरीज़ का यह सामंजस्य समाज के लिए प्रदूषण और नशाखोरी से ज़्यादा बड़ा ख़तरा बनता जा रहा है। अब वह दिन दूर नहीं जब एड्स का मरीज़ समाज में उपेक्षा की दृष्टि से नहीं देखा जायेगा। सभी व्यक्ति की प्रतिरोधी क्षमता इतनी कम हो जायेगी कि सभी लोग एड्स जैसे लक्षण वाली बीमारी की चपेट में आ जायेंगे।

एंटीबायोटिक जीवित कोशिका के कार्यप्रणाली को तहस-नहस कर आपको बीमारी से राहत पहुँचाता है। इस लड़ाई में बहुत सारे लाभकारी जीवाणु भी मारे जाते हैं। एक बीमारी से राहत के लिए आप अपने शरीर को कई नयी बीमारियों के लिए अनुकूल बना देते हैं। बीमारी वाले जीवाणु को लक्षित कर एंटीबायोटिक बनाना काफ़ी महँगा है और इस भ्रष्टाचार के ज़माने में मरीज़ तक पहुँचाना असम्भव सा है। ऐसे में दवा (व्यापक असर वाले एंटीबायोटिक) का अन्धाधुन्ध उपयोग ही हमारे बहुत सारे असाध्य रोगों का कारण है।

आपको आश्चर्य होगा, लेकिन यह सच्चाई है कि चिकित्सकों की संख्या शहरों की तुलना में गाँवों में ज़्यादा है। भले ही उनके पास एमबीबीएस की उपाधि ना हो। चिकित्सक बिरादरी ने उनको लोगों का इलाज करने के लिए पंजीकृत ना किया हो। फिर भी वे तजुर्बा वाले डॉक्टर हैं। समाज में इनकी प्रतिष्ठा है। कुछ बीमारी का शर्तिया इलाज करने का इश्तेहार तो अमरोहा से लेकर दिल्ली तक ही मिलेंगे। लेकिन शर्तिया इलाज करने वाले ये यमदूत आपको गली-गली, गाँव-गाँव, हर गोलचक्कर पर मिल जायेंगे।

इनकी कृपा से कैंसर और अन्य असाध्य रोग अब गाँव के ग़रीब लोगों के बीच बेटी की शादी से बड़ी समस्या बन गये हैं। पशु, फ़सल और मनुष्य सभी नीम हकीम की कृपा से भयंकर महामारी की ओर अग्रसर हैं। अब वह समय आ गया है जब योजना आयोग रोग के उन्मूलन के बजाय रोगी के उन्मूलन के लिए योजना बनायेगा।

रंक चले सिर छत्र धराई

वायरस का मनुष्य से घोर शत्रुता का इतिहास बहुत पुराना नहीं है। यह सर्वज्ञात तथ्य है कि बहुत सारे वायरस वास्तव में मनुष्य के मित्र होते हैं। दुश्मन बैक्टीरिया का सफ़ाया कर गंगा के जल की निर्मलता का एक प्रमुख कारण वायरस ही हैं। हर मौसम में सर्दी और वायरल बुख़ार आकर शरीर को कई अन्य रोगों के ख़िलाफ़ लड़ने के लिए तैयार करता है।

पर क्या हुआ कि वायरस और बैक्टीरिया इतने बागी हो गये?

पिछले हज़ार सालों में पृथ्वी पर बहुत उथल-पुथल हुई। हथियारों के आविष्कार से मनुष्य ने जीव-जन्तुओं पर अपना प्रभुत्व तो क़ायम कर लिया। लेकिन बड़े पैमाने पर वनस्पति/जीवों की हत्या से प्रकृति का असन्तुलन दिन-प्रतिदिन बढ़ता गया। इस असह्य वेदना को प्रकृति ज़्यादा दिन तक बर्दाश्त नहीं कर सकी और मनुष्य को नियन्त्रित करने का दायित्व सूक्ष्म जीवों को दे दिया।

इतिहास को अगर सही पावर के चश्मे से पढ़ें तो पता चलेगा कि लगभग सभी युद्ध में हथियारों से ज़्यादा इन नन्हे यमदूतों ने लोगों की हत्या की।

बीमारी पैदा करने वाले बैक्टीरिया और वायरस का इतिहास सृष्टि के साथ ही शुरू होता है लेकिन महामारी का टाइम लाइन किसी ना किसी महाविनाश के साथ जुड़ा हुआ है। धर्मयुद्ध और विस्तारवादी लड़ाइयों के दौरान ही सबसे ज़्यादा नयी बीमारियाँ पैदा हुईं और उनका विस्तार भी हुआ।

बीसवीं सदी में बहुत सारे विध्वंसक हथियारों की खोज हुई। बड़े-बड़े अनैतिक युद्ध हुए। अनाप-शनाप आविष्कार हुए। कई तरह के डब्ल्यूएमडी

(जनसंहार करने वाले हथियार) खोजे गये। मनुष्य ने बड़े पैमाने पर अपनी क़ब्र खोदी।

स्वसृजित बीमारियों के इलाज के लिए रोज़ नयी-नयी दवाएँ खोजी गयीं। अहंकार और साम्राज्यवाद के नशे में डूबे लोगों ने पूरे ईकोसिस्टम को हिलाकर रख दिया। बड़ी संख्या में जीव-जन्तु या तो विलुप्त हो गये या फिर उनका जीना दूभर हो गया।

इसके भी प्रमाण हैं कि इन बीमारियों का इस्तेमाल उस समय के शासकों ने अपनी विस्तारवादी आकांक्षाओं को पूरा करने के लिए किया। जैविक हथियारों का उपयोग और उससे बचने के उपायों की खोज का चक्र ही सारी आधुनिक बीमारियों का कारण है।

विश्वयुद्ध के कारण ही इनफ्लुएंजा और पोलियो जैसे दो ख़तरनाक वायरस सनकी हो गये। इन वायरसों ने स्वविनाश पर उतारू मनुष्यों के साथ कन्धे से कन्धा मिलाकर करोड़ों लोगों की हत्या की। प्रथम विश्वयुद्ध के समय जितने लोग युद्ध में नहीं मरे उससे दोगुणा से भी ज़्यादा लोगों को इनफ्लुएंजा ने मार दिया।

मनुष्य ने 20वीं सदी में महासंहार करने वाले दो बड़े हथियार बनाये। एक परमाणु बम जिसे सब लोग जानते हैं। दूसरा एंटीबायोटिक है जिसे अब लोग महसूस करने लगे हैं। आज भले ही नहीं मानें लेकिन बहुत जल्द ही सभी लोग एंटीबायोटिक को सबसे बड़ा जैविक हथियार मान लेंगे।

भारत के लोग अनैतिक युद्ध कला में गँवार थे इसलिए इतने बड़े भूभाग पर कोई भी युद्ध बड़े नरसंहार का कारण नहीं बना। हम हज़ारों साल तक ग़ुलाम ज़रूर रहे लेकिन विनाश की ओर अग्रसर मानवता का कभी साथ नहीं दिया। पूरे ईकोसिस्टम का हमने सम्मान किया। शायद कोई भी बड़ा वायरस या बैक्टीरिया भारत में कभी सनकी नहीं हुआ। सनकी वायरस और बैक्टीरिया यहाँ पर विदेशी ले कर आये। जो महामारी फैली उसका उद्गम भारत के बाहर था।

कुछ साल पहले तक भारत में बुख़ार एक उदासीन रोग हुआ करता था। बैक्टीरिया से होने वाले बुख़ार से हम थोड़ा डरते भी थे लेकिन वायरस को कभी भाव नहीं देते थे। बड़े बुज़ुर्ग बोलते थे कि मियादी बुख़ार है तीन-चार

दिन में अपने आप उतर जायेगा। ख़ूब पानी पीजिए और सुपाच्य व हल्का भोजन लीजिए।

लेकिन आज बुख़ार का योगदान भारतीय चिकित्सा और फ़ार्मा व्यवसाय को नयी ऊँचाइयाँ दिलाने में सबसे ज़्यादा है। भारतीय परिप्रेक्ष्य में भी पिछली शताब्दी में हमने अपना चौमुखी सर्वनाश किया है। यह अनेक महामारियों, जनसंख्या विस्फोट, सांस्कृतिक और नैतिक पतन की पराकाष्ठा के रूप में दिख रहा है। अगर अब भी नहीं सुधरे तो पूर्णविनाश अवश्यम्भावी है।

अभी भी अगर हम वापस अपनी जीवन पद्धति की ओर लौट गये तो थकी हुई दुनिया में भारत एक आशां की किरण बन सकता है।

वायरस से ज़्यादा वायरल ख़तरनाक

टीवी और सोशल मीडिया नहीं आने तक मध्यम वर्ग के लिए आर्थिक बवंडर लाने वाले दिन दो-चार ही होते थे।

आफत और विपत्ति को अगर छोड़ दें तो आदमी के जीवन में जन्मोत्सव, विवाह, अप्रत्याशित ख़ुशी या अनहोनी की आशंका से भयभीत होकर किया गया अनुष्ठान और श्राद्ध जैसे अवसर ही आते थे। तब 'लोगवा का कही' के फेर में मनुष्य सामाजिक दबाव और आभासी अमीरी के चलते अपनी औक़ात से ज़्यादा पैसे ख़र्च कर अपना बजट बिगाड़ लेता था।

लेकिन अब समय बदल गया है। बाज़ार अब वैसा नहीं रहा। लोग अब ज़रूरत की वस्तुएँ ख़रीदने से ज़्यादा प्रचार और प्रलाप के प्रकोप से बचने के लिए बाज़ार जाते हैं।

आज का आम आदमी यह बोझ बहुत कम उम्र से ही उठाना शुरू कर देता है। पहले बोझ उठाने का काम मनुष्य शादी के बाद शुरू करता था। लेकिन आज के युवक-युवती विवाह पूर्व सम्भावित जीवनसाथी का एहसास होने पर ही इस बोझ को ढोना शुरू कर देते हैं।

टीवी और सोशल मीडिया की कृपा से शादी और जन्मोत्सव की कमरतोड़ पीड़ा हर साल ताज़ा हो जाती है। ग़रीब आदमी को व्हाट्सएप/फ़ेसबुक ने कंगाल बना दिया है। अब वह अपने पत्नी-बच्चों को ही नहीं अपने मित्रों-कुटुम्बों को भी जन्मदिन और शादी की सालगिरह का उपहार देने के लिए मजबूर है।

अब त्योहार क्षेत्र विशेष में सीमित नहीं रह गया है। जैसे बिहारी को होली, दशहरा, दिवाली और छठ के साथ-साथ बैशाखी, करवा चौथ, गणेशोत्सव भी

उतने ही धूमधाम से मनाना पड़ता है। बेचारा क्या करे?

बिस्तर से उठने का समय भले ही सूर्योदय से अलग हो गया है लेकिन बिस्तर पर ही मुर्गे की बांग की तरह फादर्स डे, मदर्स डे, डॉटर्स डे, वैलेंटायन डे के शुभकामना सन्देश मिलने शुरू हो जाते हैं।

दोपहर आते-आते अदना-सा कामगार एक शोहरत वाले व्यापारी जैसा महसूस करने लगता है। शाम होते-होते कम-से-कम वह अपनी एक दिन की कमाई को बाज़ार की भेंट चढ़ा ही आता है।

मुझे आश्चर्य होता है कि इस घनघोर प्रचार के ज़माने में भी निर्जला एकादशी, रमज़ान के उपवास, ध्यान और साधना वाले अनेक त्योहार पॉप्युलर क्यों नहीं हो पा रहे हैं?

फलाहार, इफ़्तार, प्रवचन, कथा और जागरण जैसे आयोजनों में सभी अपनी जेब ढीली-गीली करते हैं। इस तरह के आयोजन गली-मुहल्लों में वायरल हो गये हैं। इन आयोजनों का प्रचलन इतना बढ़ गया है कि मनुष्य धर्म को धारण कर सत्कर्म की ओर प्रेरित होने के बजाय असाधारण कुकर्म से धन इकट्ठा कर ख़र्च करने के लिए उन्मादित हो गया है।

युद्ध और प्यार में सब कुछ जायज़ है, यह अब बदल गया है। व्यापार में सब नाजायज़ जायज़ है। सब कुछ व्यापार बन गया है। इस चक्कर में मास्टर, डॉक्टर, एक्टर, डायरेक्टर सभी उसूल छोड़ कर वसूली में लग गये हैं।

सीधा-सा फंडा है टर्नओवर बढ़ाने के लिए कुछ भी करेगा!

ख़बरों की इस महामारी से सबसे ज़्यादा नुक़सान मध्यम वर्ग का हुआ है। मध्यम वर्ग की ज़िन्दगी की गाड़ी की चेन भी उतर जाय तो उसकी गाड़ी का मंज़िल तक पहुँचना मुश्किल हो जाता है। यहाँ तो हर आयोजन इनकी गाड़ी के पहियों में एक कील ठोंक कर चले जाते हैं।

दुर्भाग्य से आज सबसे ज़्यादा लोग इस वर्ग में आते हैं जिसके पास मेहनत से ज़्यादा मेहनताना लेने का विकल्प नहीं है। मध्यम वर्ग आज बाज़ार की विविधताओं और प्रलाप के शोर से आतंकित और मजबूर है।

अगर यही सब ट्रेंड करता रहा तो वायरस कुछ बिगाड़ पाये या ना पाये हर दिन वायरल हो रही ख़बरें आम कामगारों को साधारण मज़दूर बना कर ही दम लेंगी।

मैं नदी हूँ

पानी निचोड़ने वालों ने पानी का मोल कभी नहीं समझा, और अब मुझे नदी नहीं पोखर समझ रहे हैं। हालाँकि मैं नदी हूँ। अकाल मौत की तरफ़ बढ़ती। आज आपसे अपने दुर्भाग्य की कथा कहने बैठी हूँ। कभी मैं भी बलखाती, इठलाती चलती थी। मेरे पास भी लोग आते थे अपने तन-मन को स्वच्छ बनाने के लिए। लेकिन अब मैं कोमा में हूँ, उसी इन्सान की बदौलत, जिसकी प्यास मेरा निर्मल जल बुझाता था।

बरसात में भी मेरी अविरल धारा को आपदा समझने वालों!

मैं तो वही हूँ उतनी ही कमज़ोर हूँ। बस कचरे और गाद का ढेर बढ़ जाने से तुम्हारे ख़तरे का निशान नीचे आ गया है। कीचड़ उछालने से भी जल स्तर कम नहीं हो रहा है। मेरे किनारे न जाने कितने कल-कारख़ाने लगे हैं। अधिकतर में ट्रीटमेंट प्लांट नहीं है और प्रदूषित जल मुझमें डाला जाता है। रही-सही कसर मेरे किनारों पर स्थित खेतों ने पूरी कर दी है। खेतों में इस्तेमाल होने वाले कीटनाशक व फ़र्टिलाइजर युक्त पानी ने मेरी तबीयत और ख़राब कर दी है। मेरे पानी में आर्सेनिक, सायनाइड, क्रोमियम, आयरन, लेड व मरकरी मानक से न जाने कितने गुना हो गये हैं।

बस अब समय आ गया है। मन की गन्दगी को ठीक से कुरेदने का ताकि एक-दूसरे पर उछलने वाला कीचड़ मैं अपने साथ बहा कर ले जाऊँ। कभी-कभी सोचती हूँ कि जब गंगा, यमुना जैसी मेरी यशस्वी बहनें तिरस्कार झेल रही हैं, तो मेरी भला क्या हस्ती। क्यों कोई मेरी विपदा पर कान धरे। फिर भी कहती हूँ आज अपने मन की। आपसे बन पड़े तो कुछ करना। अभी कुछ दशक पहले तक मेरी गोद में मछलियों की एक दर्जन से अधिक प्रजातियाँ और जलपक्षी आश्रय पाते थे। लेकिन आपके लालच ने अब तो मुझे केवल रोगदायिनी बना दिया है।

गांधी को जगाइए

मेरी पाँच साल की बेटी ने कल रात एक कहानी सुनायी। सोचा आप लोगों से भी साझा करूँ।

"पापा, गांधी सो रहा था। ख़ूब सो रहा था। मोदी दौड़कर आया और उसे जल्दी-जल्दी जगा दिया। गांधी दौड़ने लगा। मोदी हँसने लगा।"

आजकल टेलीविज़न पर इन्हीं लोगों का नाम छाया रहता है। नाम तो शायद वहीं से सीख ली होगी! लेकिन यह कहानी उसके दिमाग़ में कहाँ से आयी? इसका मतलब क्या है?

कहते हैं बच्चे भगवान का रूप होते हैं। अगर उसका कहना सही है कि गांधी जाग गया है तो अच्छे दिन आने से कोई रोक नहीं सकता। गांधियों की कमी नहीं है इस देश में।

अगर आपके अन्दर का गांधी सचमुच जाग गया है तो अच्छे दिन आने से कोई रोक नहीं सकता।

सत्य, अहिंसा, सभी के लिए समानता, सभी धर्मों के प्रति सम्मान भाव, छुआछूत का उन्मूलन और ऐसे दूसरे उच्च मूल्यों के साथ स्वच्छता, प्रेम, त्याग, दूसरों पर भरोसा और सहअस्तित्व का सन्देश आज के असुरक्षित समय और कलह से भरी दुनिया में बेहद ज़रूरी है। इसलिए एक बार फिर अपने मन के गांधी को जगाइए।

गांधी की राह मानवता, सहअस्तित्व, दृढ़ मनोबल और शान्ति की राह है। ऐसा भी नहीं है कि गांधी जी ने ये रास्ते बनाये हैं। ये पहले से मौजूद थे लेकिन उन्होंने इसे फिर से चलन में लाकर हमें बताया है कि ये सही रास्ते हैं। इन्हें अपनाना ज़्यादा महत्त्वपूर्ण है। हम इसके लिए गांधी जी को श्रेय दे भी सकते हैं और नहीं भी दे सकते हैं लेकिन महत्त्वपूर्ण यह है कि हम उस राह को अपनायें।

लड़ के फ़रिया लिआव

यह ज्ञान गाँव में आपको देने वालों की कमी नहीं। इसी सोच की वजह से गाँव ग़रीब है। दुनिया में भी जिन्होंने शान्ति और मानवाधिकार की दुकान खोल रखी है उनके ही दुकान के तहखाने में हथियार बिकता है। ग़रीब देशों को ख़रीदने का सामर्थ्य नहीं तो भी उनको कितना भी हथियार मदद में दे सकते हैं।

ऐसे ही एक बड़े दुकानदार ने अपने एक कंगाल पड़ोसी देश को, जहाँ पर बाढ़ के चलते बच्चे भूख से मर रहे हैं, उनको मदद में एफ-16 देने का वादा किया है। हथियारों की मानो होड़ चल रही है। रूस और यूक्रेन तथा इजराइल व फिलिस्तीन के बीच चल रहे युद्ध में एक से बढ़कर एक घातक हथियारों का इस्तेमाल हो रहा है।

युद्धरत देशों की पीठ थपथपाने में आधी दुनिया लगी हुई है। कोई इस तरफ़ है तो कोई उस तरफ़। हथियार बेचे भी जा रहे हैं और कुछ दान में भी दिये जा रहे हैं। अगर पैसा नहीं है तो कोई बात नहीं हथियार ख़रीदने के लिए ऋण की भी व्यवस्था है। नतीजा, हथियारों का वैश्विक कारोबार ख़ूब फल-फूल रहा है। अनुमानित तौर पर आज हर साल हथियारों का 100 खरब डॉलर का अन्तरराष्ट्रीय कारोबार होता है। लड़ के फ़रिया लेने के चक्कर में हज़ारों ज़िन्दगियाँ तबाह हो रही हैं। ऐसे में यह कहना ज़्यादा सही होगा कि शरीफ़ बनिये लेकिन बेवकूफ़ नहीं।

प्रवासी मज़दूरों की समस्या

एक प्रश्न है जो मैं अपने आप से पूछ रहा हूँ? आपके पास अगर कोई जवाब है तो ज़रूर बतायें। प्रश्न बहुत सामान्य है लेकिन जवाब नदारद है। ऐसा क्या कारण है कि बहुत सारा सामान जिसमें कोई बहुत बड़ी मशीन नहीं लगती जैसे जूता, चप्पल, ड्रेस, खाने-पीने का सामान, मछली का फ़ीड, सीड इत्यादि की फ़ैक्टरी भी मज़दूरों के घर से इतना दूर क्यों है?

शायद इसी एरिया में दुनिया के सबसे बड़े बुद्धिजीवी और क्रान्तिकारी लोग भी रहते हैं जो अमेरिकी चुनाव पर भी कड़ी नज़र रखते हैं? कचहरी और हॉस्पिटल में दुनिया में सबसे ज़्यादा भीड़ इसी एरिया में होती है? मज़दूर, सुपरवाइज़र और मैनेजर का घर आसपास ही है लेकिन फ़ैक्टरी और फ़ैक्टरी का मालिक बहुत दूर क्यों रहता है?

वैसे तो सभ्यता के प्रारम्भ से ही कामगारों-व्यापारियों का आवागमन चलता रहा है, लेकिन आज भूमण्डलीकरण के दौर में भारत में मज़दूरों को प्रवासी बनानेवाली स्थितियाँ और वजहें बिल्कुल अलग क़िस्म की हैं। उनका स्वरूप इस क़दर अलग है कि उनसे एक नये घटनाक्रम का आभास होता है।

ज्ञात इतिहास में शायद ही कभी, लाखों नहीं, करोड़ों की संख्या में मज़दूर अपना घर-बार छोड़कर कमाने, पेट पालने और अपने आश्रितों के भरण-पोषण के लिए बाहर निकल पड़े हों। देश के सबसे पिछड़े राज्य बिहार और सबसे विकसित राज्य पंजाब के बीच मज़दूरों की आवाजाही आज सबसे अधिक ध्यान खींच रही है। यह संख्या लाखों में है।

पंजाब की अर्थव्यवस्था में वहाँ के शहरी-ग्रामीण जीवन में बिहार के 'भैया' मज़दूर अनिवार्य अंग बन गये हैं और बिहार के सबसे पिछड़े इलाक़ों

के जीवन और नये विकास की सुगबुगाहट में पंजाब की कमाई एक आधार बनती जा रही है। पंजाब और बिहार के बीच शटल की तरह डोलते मज़दूरों की पीड़ा पर बस यही कहा जा सकता है कि कभी बेकसी ने मारा, कभी बेबसी ने मारा।

यमराज का नहीं, विष्णु का प्रतिनिधि

यह सर्वज्ञात तथ्य है कि हमारा देश मधुमेह (diabetes) का भी मरकज़ है। विश्व में सबसे अधिक मधुमेह के मरीज़ भारत में हैं। हाइपरटेंशन और उससे जनित मुक्तिमार्ग पर अग्रसर लोगों की तादाद भी दुनिया में सबसे ज़्यादा इसी मुल्क में है। मधुमेह और उच्च रक्तचाप से कोरोना का अन्योन्याश्रय सम्बन्ध है।

लेकिन क्या करें?

कुछ डॉक्टर करें और कुछ मरीज़ करें।

मरीज़ को यह समझना होगा कि जीव में प्राण होता है और वह मशीन कभी नहीं हो सकता है। जीव में जीवन एक निश्चित गति से, प्राणवायु से चलता है। अप्राकृतिक तरीक़े से चलने से इसमें ख़राबी स्वाभाविक है। लेकिन ख़राब होने की स्थिति में इसे ठीक कराने के लिए मैकेनिक के पास कभी नहीं ले जायें।

डॉक्टर लोगों को भी यह पूरी तरह समझना होगा कि वे मैकेनिक नहीं हैं। डॉक्टरी एक मुनाफ़ा कमाने वाला पेशा नहीं है। डॉक्टर यमराज का सलाहकार नहीं बल्कि विष्णु जी का प्रतिनिधि है। हॉस्पिटल भगवान का सर्विस सेंटर है। बस इसी से बात बन जायेगी। अगर डॉक्टर व अस्पताल इस बात को समझ लें तो बहुत सारी समस्याएँ स्वतः ही समाप्त हो जायेंगी। अन्यथा भगवान जाने क्या होगा?

सेना और सुरक्षा बल

आसूचना अधिकारियों और जवानों की बेचारगी पर थोड़ा तरस खाना चाहिए। आतंकवादियों के कैम्प ढूँढ़ना और उनकी गतिविधि की सटीक जानकारी इकट्ठा करना सूचनाओं के समुन्दर से सूई ढूँढ़ने के बराबर है।

अचानक कोई सिरफिरा बम फोड़ दे इसको रोकना थोड़ा मुश्किल है। भारत जैसे 140 करोड़ लोगों के देश में जहाँ हर जगह हर समय मेला लगा हुआ रहता है। आम लोगों में से दहशतगर्दों को ढूँढ़ निकालना बहुत आसान नहीं है। इनके बारे में पहले से सचेत रहना एक बड़ी चुनौती है।

कोई बोर्ड लगाकर तो आतंक की दुकान चलाता नहीं है और ना ही उन्होंने कोई नियमित सेवा खोल रखी है जिसमें उनकी संख्या और सामर्थ्य के बारे में कुछ पब्लिक डोमेन में उपलब्ध हो। ना ही वो चुनाव में खड़े उम्मीदवार की तरह लाउडस्पीकर लगाकर अपने बारे में पूरी सूचना जनता को बताते हैं। ठगी और सम्मोहन से मरने के लिए तैयार करने वाले प्रबन्धन संस्थान के मास्टर और प्रिंसिपल अत्यन्त शातिर होते हैं और हर समय सावधान रहते हैं। इनको ढूँढ़ना नामुमकिन तो नहीं (नामुमकिन का ना आजकल शब्दकोश से हट गया है) लेकिन मुश्किल ज़रूर है।

आप जब होली, दीवाली और ईद मनाते रहते हैं तब बेचारे अधिकारी इन दहशतगर्दों के इशारे और भावभंगिमा का अध्ययन करते रहते हैं। इन प्रोज़ेक्ट्स में काम करने वाले अधिकारियों की हालत वैसे मजनूँ की हो जाती है जिसकी लैला परीलोक में रहती है। लेकिन फिर भी अपने प्यार पर इतना भरोसा होता है कि एक दिन हम उसे ज़रूर ढूँढ़ लेंगे और ढूँढ़ भी लेते हैं।

ढूँढ़ने के बाद तब तक इन्तज़ार करते हैं जब तक अभिभावक उचित मुहूर्त ना ढूँढ़ लें। इतना श्रम, साहस और धैर्य की परीक्षा के बाद परिणाम का दिन आता है। शुभ मुहूर्त आने पर विषम परिस्थितियों में इनका मुक़ाबला करना होता है। इस लड़ाई में एक तरफ़ क़ानून की आयतों के अनुरूप पेशेवर योद्धा तो दूसरी तरफ़ हूर के लोभ में पागल अपनी जान देने पर उतारू सिरफिरा।

अगर लड़ाई जीत भी गये तो बेगानी शादी के अब्दुल्ला लोग सबूत माँगने लगते हैं। अगर सबूत दिखाओ तो कहेंगे कि यह तो सरासर मानवाधिकारों का उल्लंघन है। हाँ। यह बताना तो भूल ही गया कि इन अधिकारियों का अपना घर भी होता है और बीवी-बच्चे भी होते हैं। हमारे देश के इन प्रहरियों को एक सलाम तो बनता ही है।

मातृभाषा से शर्म कैसी

किसी भी सोशल मीडिया से सन्देश भेजने के लिए अंग्रेज़ी में लिखना अनिवार्य नहीं है। नये साल की शुभकामना आप मातृभाषा में भी दे सकते हैं।

बात करते समय तो हम अपनों से अपनी भाषा में बात करते हैं लेकिन लिखते समय अंग्रेज़ी में लिखते हैं या हिन्दी/पंजाबी/बंगाली/तमिल भी रोमन में लिखते हैं। यह शर्म ठीक नहीं है। इससे हमारे बच्चे तो पूरी तरह मातृभाषा में लिखना-पढ़ना भूल जायेंगे।

प्रण कीजिए कि जब तक ज़रूरी नहीं हो तब तक सन्देश/पत्राचार का माध्यम मातृभाषा ही रखेंगे और मातृभाषा में लिखने-पढ़ने में असहज महसूस नहीं करेंगे। मातृभाषा की उन्नति बिना किसी भी समाज की तरक़्क़ी के सम्भव नहीं है तथा अपनी भाषा के ज्ञान के बिना मन की पीड़ा को दूर करना भी मुश्किल है।

भारतेन्दु हरिश्चन्द्र ने कहा है–

निज भाषा उन्नति अहे, सब उन्नति को मूल,
बिन निज भाषा ज्ञान के, मिटत न हिय के सूल।

इसे गाँठ बाँध लीजिए कि मातृभाषा ही सभी प्रकार की उन्नति का मुख्य आधार है। मातृभाषा को दुत्कार करके सम्पूर्ण विकास सम्भव नहीं है। ऐसे में जिस भाषा ने आपको समझ दी, अपनी बात कहने का सामर्थ्य दिया। उससे शर्म या दुराव कत्तई ठीक नहीं है।

खण्ड-3

डायरी के पन्नों से

सिओल से सीख

चौथी शताब्दी में भारतीय राजनयिकों ने कोरिया सहित अनेक आसपास के देशों को अपनी जीवन पद्धत्ति से अवगत कराया था। अपना धर्म उन सारे देशों में स्थापित किया था। बिना किसी ख़ून-ख़राबे के अपना धर्म किसी दूसरे देश में स्थापित करने से बड़ी राजनयिक सफलता कुछ और नहीं हो सकती है।

सम्राट अशोक के समय का भारत आज के भारत से बड़ा था। उस समय भी भारत में अनेको भाषाएँ और बोली हुआ करती होंगी। शायद भाषायी विभिन्नता भारत के एकीकरण में उस समय कोई बाधा नहीं थी। दुनिया में हमारी बात सुनी जाती थी। भारतीय राजनयिक (बौद्ध भिक्षु) ग़ुलामी के आने के ठीक पहले (बारहवीं शताब्दी) तक इन देशों में काफ़ी प्रभावी थे।

अशोक ने कोरिया को काफ़ी मदद की थी। उस समय बुद्ध की प्रतिमा बनाने के लिए अशोक ने लोहा और सोना भेजा था। आज कोरिया की कम्पनी पोस्को ने भारत में लोहा और स्टील बनाने के लिए सबसे बड़ा निवेश किया है।

उस समय के कोरिया के गाँवों की संरचना और झोंपड़ी की बनावट हमारे यहाँ से काफ़ी मिलती-जुलती थी। हमारे गाँव के बिना आज भी हमारी ज़िन्दगी अधूरी है। चीनी सामान के बिना तो ना कोई शादी सम्भव है ना कोई श्राद्ध। आश्चर्य की बात तो यह है कि इन देशों के पढ़े-लिखे लोग बिना कुशल अंग्रेज़ी ज्ञान के ही पढ़े-लिखे बन जाते हैं।

उनको तकनीकी ज्ञान के लिए भी अंग्रेज़ी की ज़रूरत महसूस नहीं होती। लेकिन हमारे यहाँ का पढ़ा-लिखा आदमी अपने विद्यार्थी जीवन का आधे से ज़्यादा समय अंग्रेज़ी पढ़ने में ही लगा देता है। फिर भी वैज्ञानिक खोज तो नहीं कर पाता लेकिन वैज्ञानिक शब्दावली अंग्रेज़ी में ज़रूर सीख जाता है।

डेंगू डायरी

डेंगू बुख़ार से पीड़ित होने पर मुझे डेंगू से ज़्यादा निजी अस्पताल ने परेशान किया। तेज़ बुख़ार की बेचैनी तथा प्लेटलेट्स के जानलेवा स्तर तक पहुँचने पर मैं नज़दीक के एक नामी निजी अस्पताल में दाख़िल हो गया। पहली बार मैं किसी अस्पताल में भर्ती हुआ था। भर्ती होने के साथ ही अस्पताल बिना ज़रूरत के मुझसे बिना पूछे इलाज करने लगा। बीमारी से ज़्यादा अस्पताल के लूटने के हथकण्डे से मैं भयभीत हो गया और अगले दिन ही वापस आ गया।

आज मैं पूरी तरह स्वस्थ हूँ और इसके लिए मैं अपने चिकित्सक मित्रों को धन्यवाद देना मुनासिब समझता हूँ। डेंगू की कोई दवा नहीं है और ना ही इसकी कोई ज़रूरत है। यह ज्ञान शायद मेरे डेंगू से जल्दी ठीक होने में सबसे ज़्यादा लाभकारी रहा। डेंगू की चपेट में आने के दौरान डेंगू के अतीत को जानने की जिज्ञासा हुई।

डेंगू वायरस भारत में सबसे पहले कोलकाता में वर्ष 1944 में अमेरिकी सिपाही के ख़ून में मिला। कई वर्षों तक छिटपुट मामले सामने आते रहे। वर्ष 1963-64 में डेंगू ने पहली बार फ़िलीपींस में महामारी का रूप ले लिया। वहाँ और कुछ अन्य देशों में डेंगू फैलता गया। आश्चर्यजनक रूप से डेंगू के सभी अनुकूल कारकों के रहने के बावजूद लम्बे समय तक भारत में डेंगू का प्रकोप नगण्य रहा।

डेंगू नियन्त्रण का असफल प्रयास फ़िलीपींस ने वर्ष 1993 में शुरू किया। वर्ष 2016 में डेंगू की वैक्सीन (Dengvaxia) नामी कम्पनी सनोफ़ी ने जल्दी-जल्दी में बनाया ही नहीं, बल्कि यह टीका लोगों को लगा भी दिया। लेकिन कुछ ज़ागरूक वैज्ञानिकों ने यह साबित कर दिया कि यह टीका बीमारी

को रोकने के बजाय उसे बड़े पैमाने पर फैला रहा है। तब तक 8 लाख से ज़्यादा बच्चों को इसका टीका लग चुका था। नतीजा, रोकथाम के प्रयासों के बाद भी कई देशों में डेंगू पूरी तरह फैल गया।

अपने देश में मच्छर से होने वाली बीमारियों (मलेरिया, कालाजार, जापानी बुख़ार, फाइलेरिया, डेंगू, चिकनगुनिया इत्यादि) को रोकने का प्रयास वर्ष 1978 में शुरू हुआ।

प्रत्येक नयी बीमारी के महामारी का रूप लेने के साथ ही लिस्ट लम्बी होती गयी लेकिन मच्छर और उसके साथी और अधिक विकराल होते गये।

डीडीटी का नाम आप में से कई लोगों ने सुना होगा। इसका छिड़काव सैनिटाइज़र से ज़्यादा पॉपुलर था। अमेरिका सहित सभी व्यापारी देशों ने 1972 में ही इसको प्रतिबन्धित कर दिया था। लेकिन ग़रीब देश इसका उपयोग अभी भी कर रहे हैं। इस पेस्टीसाइड का योगदान इन मच्छरों को मज़बूत बनाने में सबसे ज़्यादा है। डीडीटी जैसे अनेको ज़हर आज अपने भोजन तन्त्र में प्रवेश कर ताण्डव मचा रहे हैं लेकिन मच्छर नये स्वरूप में जस का तस बना हुआ है।

डेंगू की रोकथाम के लिए समग्र प्रयास के बाद भी वर्ष 1996 में डेंगू का प्रकोप बड़े पैमाने पर उत्तर भारत में शुरू हुआ और डेंगू का प्रकोप पिछले तीस सालों में तीस गुणा से भी ज़्यादा बढ़ गया। मच्छर से होने वाली अन्य बीमारियों की तरह डेंगू भी पूरे देश में हर साल कहर बरपाता है। वर्ष 2010 में तो डब्ल्यूएचओ ने डेंगू प्रभावित क्षेत्रों में भारत को केटेगरी ए में डाल दिया।

मच्छर से दुश्मनी मनुष्य के लिए कितनी महँगी साबित हो रही है इसका अनुमान आँकड़े देखकर नहीं, अपने आसपास बीमारी की चपेट में आने वालों को देखकर आप ख़ुद ही लगा सकते हैं।

ज्यों-ज्यों दवा बढ़ी, मर्ज़ और भी बढ़ता गया।

यह भी जान लेना ज़रूरी है कि हर साल मच्छर और वायरस नये स्वरूप में प्रकट होते हैं और उनका प्रभाव पहले से अधिक घातक होता है। हर प्राकृतिक असन्तुलन से होने वाली बीमारियों को विद्वान लोग बदलती जीवन शैली, बढ़ते प्रदूषण और जलवायु परिवर्तन से जोड़ देते हैं वहीं आम लोग बड़ी आसानी से भगवान को दोष देकर सन्तोष कर लेते हैं।

लेकिन असली कारण का पता करने में ना तो आम लोगों को दिलचस्पी है और ना ही ख़ास लोगों का इससे कोई फ़ायदा है। फ़ायदे का सौदा करने वाले प्रत्येक प्रबुद्ध प्राणी के लिए ऐसी बीमारियाँ एक अवसर हैं।

आप आधुनिकता के चक्कर में अवसर को आपदा में बदल रहे हैं और प्रबुद्ध व्यवसायी लोग आपदा को अवसर में बदल रहे हैं।

कुछ भी हो, आत्मचिन्तन करने से कोई नुक़सान नहीं। मेरी एक ही विनती है कि आप पिछले तीस साल में अपने दवाखाने तथा इलाज कराने की तीव्र इच्छा शक्ति की समीक्षा करें।

आप अपने आसपास के किसी शरीफ़ चिकित्सक से पूछिए। सरदर्द, बदन दर्द, बदहजमी, मौसमी सर्दी-खाँसी, वायरल बुख़ार इत्यादि में जो आप दवा खाते हैं क्या उसकी ज़रूरत है? क्या इन दवाओं के दुष्प्रभाव को जानने की ज़रूरत नहीं है? क्या कैंसर, ब्रेन स्ट्रोक, किडनी और दिल की बीमारी के बढ़ने में इन दवाओं के योगदान पर शोध नहीं होना चाहिए?

खाने-पीने में क्या बदलाव हुआ है? भात, रोटी, सत्तू, भँजा की जगह मैगी, मिक्सचर और मैदे से बने हुए व्यंजनों ने कब और कैसे ले ली? गर्मी में गोभी खाने की ललक से कितना कीटाणुनाशक हमने रोज़ खाना शुरू कर दिया है। प्रचार के प्रभाव में शोर वाले आयोजन, आलस और अय्याशी कितनी बढ़ी है? इन सभी के बारे में ईमानदारी से आत्मचिन्तन अतिआवश्यक है। आज हम अतीत में झाँककर ही भविष्य को अन्धकारमय होने से बचा सकते हैं।

पास होने के लिए फेल होना भी ज़रूरी

आये दिन इम्तिहानों के परिणाम आते ही रहते हैं। ज़िन्दगी इम्तिहानों से भरी है। जीवन की परीक्षा में सभी के अंकपत्रों का मूल्य अलग-अलग होता है। ग़रीब के बटुए के 500 के नोट का मूल्य अमीर के पर्स के 500 रुपये से कहीं ज़्यादा होता है। दुनिया के आधे से ज़्यादा नौकरी देने वालों के अंक उनके यहाँ नौकरी पाने वालों से कहीं कम हैं। इसलिए ख़ुश और निराश होने से ज़्यादा आत्मचिन्तन कीजिए; सफलता के आख़िरी पड़ाव तक आप ज़रूर पहुँचेंगे।

विडम्बना यह है कि रिजल्ट के दिन बच्चों से ज़्यादा माँ-बाप में प्रतिस्पर्धा, बेचैनी, ख़ुशी, मायूसी और ग़म का माहौल रहता है। अंकपत्रों में तो मैं भी कई दफा पास हुआ, लेकिन मैं जीवन में कई बार फेल हुआ हूँ। पहली बार सातवीं कक्षा में फेल हो गया। बनारस हिन्दू विश्वविद्यालय के शिक्षक तो चार साल के स्नातक में कभी यक़ीन नहीं कर पाये कि मैं विश्वविद्यालय में दाख़िले की परीक्षा में 10वें स्थान पर चयनित हुआ था। 8 सेमेस्टर में कई विषयों में फेल हुआ और वैकल्पिक परीक्षा देकर जैसे-तैसे पास हुआ। सिविल सेवा की परीक्षा में तो मैं हिन्दी में ही फेल हो गया। फेल-पास के इस खेल में अगर आप अतिरेक के शिकार हो गये तो मंज़िल तक पहुँचना मुश्किल हो जायेगा।

नशा बदनाम है, गुमनाम नहीं

किण्वन (fermentation) और आसवन (distillation) का ज्ञान मनुष्य को सदियों से रहा है। किण्वन से प्राप्त पदार्थों का उपयोग दवा-दारू के रूप में मनुष्य तभी से करता आ रहा है। दुनिया में ऐसा कोई धर्म और सम्प्रदाय नहीं है जो नशा की निन्दा नहीं करता हो। यहाँ तक कि धर्म के खुदरा व्यापारी भी नशे का विरोध कर ही अपनी दुकान चला रहे हैं।

शराब और नशे के साजो-सामान पर प्रतिबन्ध का असफल प्रयास सभी सभ्यताओं के राजाओं, तानाशाहों, धर्मगुरुओं तथा समाज सुधारकों ने समय-समय पर किया है। राजशाही से लोकशाही तक अनेको तरह की सत्ता आयी। धर्मगुरुओं ने सत्ता अपने हाथ में ली। क्रूरतम दण्ड का भी प्रावधान किया गया लेकिन इस बला से निजात नहीं पाया जा सका। आज तो स्थिति और भी विकट है। शराब व अन्य प्रकार के नशे के साथ ड्रग्स भी समाज में जकड़ और पकड़ दोनों बनाये हुए है।

नशेड़ियों का इतिहास मानव सभ्यता के इतिहास से कम पुराना नहीं है। सुर-असुर की लड़ाई के मूल में भी नशा था। पूरी लड़ाई की जड़ में फूल का रस था जो दुर्वासा ऋषि के शाप तथा सुर-असुर लड़ाई का कारण बना। सुर-असुर लड़ाई के समय हुए समुद्र-मन्थन में अमृत के साथ-साथ सुरा की देवी वारुणी भी मिलीं। भगवान जाने क्या सत्य है लेकिन धर्मग्रन्थों की मानें तो अमृत के साथ-साथ सुरा भी सुर लेकर भाग गये और असुर हाथ मलते रह गये।

सोमरस की चर्चा ऋग्वेद में विस्तार से है जिसमें सरस्वती नदी के किनारे इसके पाये जाने तथा दूध में मिला कर इसके सेवन करने का वर्णन है। सोमरस

के गुणों की अपनी तरह से व्याख्या कर जहाँ कुछ आधुनिक सूक्ष्मविज्ञानी इसे सुरा (wine) मानते हैं तो वहीं अन्य लोग इसे भाँग, अफ़ीम के सदृश किसी हर्ब की श्रेणी में डालते हैं। कुछ भी हो सोमरस के अत्यधिक उपयोग से कुछ ना कुछ नशा और नुक़सान तो होता ही होगा।

रामायण काल में संजीवनी बूटी का ज़िक्र है जिसकी तुलना आज के स्टेरॉयड से की जा सकती है। संजीवनी बूटी का सेवन करने के बाद मूर्च्छित लक्ष्मण जी तुरन्त उठ कर खड़े हो जाते हैं।

काश! रामायण काल का चिकित्साशास्त्र मिल जाता तो संजीवनी बूटी के अत्यधिक सेवन के नुक़सान तथा इसके उपयोग को नियन्त्रित करने जैसी बातों का भी पता चल जाता।

बड़ी दुविधा है!

ऋग्वेद में भी सुरा की निन्दा करते हुए लिखा गया है कि–"हत्सु पीतासो युद्ध्यन्ते दुर्मदासो न सुरायामा" अर्थात् सुरापान करने वाले या नशा करने वाले युद्ध और उत्पात मचाया करते हैं।

लेकिन इसके सेवन को अपराध की श्रेणी में डालने का ज़िक्र नहीं है।

कालान्तर में सरस्वती नदी और शास्त्रों की निरन्तरता ख़त्म हो गयी और ज्ञान किंवदन्ती में बदल गया। उस समय के तकनीकी विकास का यथार्थ (fact) अयथार्थ (myth) में बदल गया। सोमरस बनाने की विधि भी विलुप्त हो गयी और लाभकारी सुरा के प्रकारों और गुणों से मनुष्य अनभिज्ञ हो गया।

शराब पर प्रतिबन्ध लगाने की कोशिश दुनिया के सबसे विकसित लोकतन्त्र अमेरिका ने 1920-1933 के बीच की। यूरोप और दुनिया के अन्य देशों में भी इसी समय शराब पर पूर्ण प्रतिबन्ध की कोशिश की गयी। लेकिन प्रतिबन्ध के समय शराब के उपयोग में कोई कमी नहीं आयी। बस इतना हुआ कि शराब पर से नियन्त्रण सरकार के हाथों से निकलकर माफियाओं के हाथ चला गया।

बहुत सारे अर्थशास्त्री शराब पर पूर्ण प्रतिबन्ध को 1929 में अमेरिका के भीषण आर्थिक संकट का एक मुख्य कारण मानते हैं। इन्हीं कारणों से लगभग सभी देशों में यह प्रतिबन्ध वापस लेना पड़ा। आज के समय में दुनिया के किसी भी लोकतान्त्रिक देश के पूरे भूभाग में शराब पर पूर्ण निषेध नहीं है।

आज भी डीमेरिट गुड्स (सिगरेट, शराब, खैनी, पान मसाला जैसी लत लगने वाली सभी वस्तुओं) पर दुनिया भर की सरकारें सामान्य से ज़्यादा कर लगाती हैं। सामान्यतया अर्थशास्त्री ऐसा मानते हैं कि डीमेरिट गुड्स पर कर की दर बढ़ा देने से सरकार को ज़्यादा राजस्व मिलेगा तथा इसके उपयोग में कमी आयेगी। लेकिन व्यवहार में ऐसा होता नहीं है। कर बढ़ाने से राजस्व तो नहीं ही बढ़ता है लेकिन स्मगलिंग ज़रूर बढ़ जाती है और समाज में ग़रीबी और अपराध दोनों में वृद्धि होती है।

कोई भी पदार्थ केवल नुक़सानदायक ही हो, यह हो नहीं सकता। नाग का विष हो या मधुमक्खी का डंक सभी मनुष्य के लिए अत्यन्त लाभकारी हो सकते हैं। अल्कोहल का उपयोग आज भी कई तरह की दवाओं में होता है और इन दवाओं का दुरुपयोग भी नशे के रूप में बड़े पैमाने पर होता है।

कोई भी औषधि चाहे तात्कालिक रूप से जितना भी लाभकारी हो दीर्घ काल में इसका दुष्परिणाम लाभ से कहीं ज़्यादा है। मनुष्य के बीमार पड़ने और मृत्यु का एक प्रमुख कारण ग़लत दवा या अत्यधिक मात्रा में दवा का सेवन है। लेकिन क्या इसके चलते सभी दवाओं को प्रतिबन्धित किया जा सकता है? नहीं न। इसलिए इनके अस्तित्व को नकारना और समाज के स्मरण से ग़ायब करना असम्भव और अव्यावहारिक है।

अनुभूत बातें

मोटा-मोटी बात करें तो दिमाग़ी तनाव (stress), ज़रूरत से ज़्यादा और प्रदूषित भोजन, नसों की दीवारों का मोटा होना, अनियन्त्रित रक्तचाप, हार्ट अटैक, ब्रेन स्ट्रोक और लगभग सभी लैटिन ग्रीक नाम वाले नहीं समझ में आने वाली बीमारियों का कारण है। भोजपुरी की इस कहावत से शायद बात कुछ फरिया सकती है।

क़ाबू कम आ खीस ज़्यादा इ लक्षण ह पिटाये के।
आमद कम आ ख़र्च ज़्यादा इ लक्षण है बिलाये के।
ज़रूरत कम आ भोजन ज़्यादा इ लक्षण है मराये के।

कुछ को रोकना अपने वश में है बाक़ी के लिए भगवान ज़िम्मेवार हैं। सभी परेशानियों के लिए भगवान को दोष नहीं देते हुए कुछ का उपाय तो हम कर ही सकते हैं! शरीर की नाली (आर्टिरिज & वेन) जाम होने से बचाने का क्या उपाय है?

- भोजन को शुद्ध बनाकर नाली में कचरे को जमा होने से रोकिए।
- रक्त का प्रवाह बढ़ा कर कचरे को निकालने के लिए ज़रूरी व्यायाम कीजिए।
- जीभ नहीं पेट के हिसाब से ख़ाना खाइए।
- जीवन में उजाला चाहिए तो रात के उजाले को कम कीजिए और जल्दी सोना शुरू कीजिए।

भगवान ने उत्सर्जन के लिए किडनी और त्वचा दो अंग बनाये हैं, दोनों लगभग समान मात्रा में अवशिष्ट पदार्थ बाहर करते हैं। किसान मज़दूर को

छोड़ बाक़ी लोगों का पसीना निकलता नहीं है इसलिए बेचारी किडनी जल्दी बम बोल जा रही है। धन की गर्मी को ठण्डा करने के लिए एयरकंडीशनर का उपयोग करने से नुक़सान हो रहा है। प्रतिदिन पसीना निकलना उत्तम स्वास्थ्य के लिए बहुत ज़रूरी है।

कुछ कीजिए नहीं तो दवा दारू वाले आपको अपना रेगुलर कस्टमर बना लेंगे।

माँ नहीं पर मौसी तो है ही भैंस

जब भी दूध की बात होती है तब हमें गाय याद आती है। हम भैंस को भूल जाते हैं। दूध गाय का हो या भैंस का पोषक तत्त्वों से भरपूर होता है। इसका सेवन करने से शरीर सेहतमन्द बनता है। दूध में कैल्शियम, विटामिन डी और प्रोटीन पाये जाते हैं, जो शरीर के लिए बेहद फ़ायदेमन्द होते हैं। भैंस मुख्यत: भारत में पायी जाने वाली पशु है जो अकेले किसानों को आर्थिक तंगी से उबारने की क्षमता रखती है।

खुले में चरने वाली भारतीय नस्ल की गौ माता, जिनका दूध अब अधिकांश लोगों को नसीब नहीं होता है तथा उनकी संख्या इतनी नहीं है कि दूध की माँग का 5 प्रतिशत भी पूरा कर सकें। उनकी तुलना बेकार है। वैसे में पौष्टिक तथा अपेक्षाकृत उत्तम दूध का विकल्प हमारे पास भैंस के दूध के रूप में ही है। भैंस के दूध में वसा, प्रोटीन, कैल्शियम तथा लगभग सभी ज़रूरी मिनरल किसी अन्य दूध से ज़्यादा हैं। इसके अलावा पोटेशियम, फास्फोरस, मैग्नीशियम, जिंक और एंटीऑक्सीडेंट्स भी मिलता है। भैंस का दूध पीने से ख़ून की कमी दूर होती है, हड्डियाँ मज़बूत बनती हैं, दिल की सेहत दुरुस्त रहती है।

इसके अलावा भैंस का दूध शरीर में प्रोटीन की कमी भी पूरी करता हैं और वज़न घटाने-बढ़ाने में मददगार होता है। भैंस के दूध से बनी मोजरेला चीज़ आजकल दुनिया में मशहूर है। पनीर, दही, लस्सी तथा घी के लिए आज भी भैंस का दूध सर्वोत्तम है। लेकिन आश्चर्य की बात यह है कि आज भी अधिकांश लोगों में यह धारणा बनी हुई है कि भैंस का दूध पीने से दिमाग़ मोटा हो जाता है।

मैंने बचपन से भैंस का दूध पिया है। घी और दही के लिए भैंस का दूध मेरा सबसे पसन्दीदा है। पाउच और बोतल में दूध ख़रीदने वाले लोगों को तो दूध के सोर्स का पता चलना मुश्किल है लेकिन क्या आपमें से कोई ऐसा भी है जो भैंस का दूध खा-पीकर मोटा दिमाग़ होने के लिए अफ़सोस कर रहा है? भैंस का दूध-दही खाने वाले लोग जब तक सामने आकर अपने अनुभव नहीं बताएँगे तब तक भैंस के साथ सौतेला व्यवहार होता रहेगा।

बिन पानी सब सून

दुनिया की तीन चौथाई जनता सूखे की मार से त्रस्त है। बड़े पड़ोसी के यहाँ अब तक का सबसे विकराल सूखा तो दूसरे छोटे पड़ोसियों के यहाँ भयंकर बाढ़ कहर ढा रहा है। एक पड़ोसी तो कंगाल हो चुका है। अपने यहाँ भी सूखा और बाढ़ आँखमिचौली खेल रहा है। यह सब दुनिया के लिए अशुभ का संकेत है।

आपदा के दोष की जाँच-पड़ताल करने से कुछ नहीं हासिल होने वाला है। लेकिन प्रभाव का आकलन करने से कुछ तो समझ में आ सकता है।

अर्थशास्त्रियों के ज्ञान का सहारा अगर नहीं भी लें तो भी हम आसानी से कुछ निष्कर्ष पर पहुँच सकते हैं :

जहाँ भारत, बंगलादेश, पाकिस्तान और चीन जैसे देश पृथ्वी पर जनसंख्या के बोझ से कराह रहे हैं, वहीं लाइवस्टॉक और कृषि उपज का अधिकांश हिस्सा वहाँ की जनता खा जाती है। धान की खेती आज भी वर्षा पर निर्भर है। अल्पवृष्टि की स्थिति में 10-20 प्रतिशत उत्पादकता का ह्रास पर कोई आश्चर्य नहीं होना चाहिए। दुनिया के अन्य देशों में इतनी हैसियत नहीं कि वैश्विक आपदा की स्थिति में इन देशों की 10-20 प्रतिशत घटी क्षमता की भी भरपाई कर सके। चावल और आलू की कम उपज होने से दुनिया में पहले भी अकाल पड़ चुका है। द्वितीय विश्वयुद्ध के बाद पड़े अकाल से लाखों लोग मर चुके हैं।

इस बार महामारी युद्ध के पहले आयी और युद्ध की शुरुआत बाद में हुई है। दोनों विश्वयुद्ध से मालामाल हुए देश इस बार भी युद्ध की शुरुआत कर चुके हैं। कोरोना ने कितना नुक़सान पहुँचाया यह कहना मुश्किल है लेकिन

महामारी के व्यापारियों ने पिछले कई सालों से दुनिया के सभी ग़रीबों तथा मध्यम वर्ग के लोगों का जीवन कठिन बना दिया है। युद्ध और मक्कारी की वजह से दुनिया के कई देशों में गेहूँ और अन्य खाने की वस्तुओं की किल्लत है। महामारी का मज़ा लेने वाले व्यापारियों की गिद्ध दृष्टि एक बड़ी आबादी के युद्ध और भूख से बेबस और बीमार होने का इन्तज़ार कर रही है।

सूखा अगर ख़तरे के निशान को पार कर गया है तो आने वाले दिनों में दुनिया के कई देशों में महामारी से बच गये लोगों में से बड़ी संख्या में लोग लाचारी से मर जायेंगे। वर्षा कम होने का प्रभाव दीर्घकालिक होगा। कई क्षेत्रों में जलस्रोतों के सूख जाने से जलस्तर नीचे जायेगा और जीव-जन्तुओं का भी नुक़सान होगा। लगता है सूखा सभी सरोवरों के जल को अमृत बना देगा।

आने वाले दिनों में सजग और समझदार बनने की ज़रूरत है। विलासिता की कामुकता की तन्द्रा से निकल कर पानी की एक-एक बूँद का उपयोग समझदारी से करना होगा। जलवायु तनाव को सहन करने वाले तथा कम पानी में समुचित फ़सल देने वाली प्रजातियों का उपयोग करना होगा। खेती की प्राकृतिक पद्धति पर अनुसन्धान करना होगा। सम्भावित महामारी और लाचारी के नुक़सान को कम करने का एकमात्र उपाय जन आन्दोलन कर जल संरक्षण के उपायों को अपनी पहली प्राथमिकता बनाना है।

दो सच्चाइयाँ

मूँग का प्रचार प्रोटीन के एक मुख्य स्रोत के रूप में होता है परन्तु मूँग की खेती पिछले कुछ वर्षों में बहुत ज़हरीली हो गयी है। भास्कर की ख़बर बिल्कुल सत्य है, बल्कि सच्चाई इससे भी ख़तरनाक है। किसान के लिए भी यह बहुत महँगी हो जाती है क्योंकि 60 दिन में लगातार, हर पड़ाव पर ख़ूब केमिकल उपयोग होते हैं।

यह एक भ्रम है कि मूँग की जैविक खेती सम्भव नहीं। बल्कि मेरा अनुभव है कि सभी दलहन, जैविक में ज़्यादा अच्छे होते हैं। मेरी मूँग की लगातार दूसरे वर्ष जैविक फ़सल है। जैविक मूँग की फलियाँ ज़्यादा मोटी और लम्बी हैं। कीड़ों/इल्लियों का अटैक काफ़ी कम रहा। पिछले वर्ष की ही तरह इसे हम सिर्फ़ जैविक छिड़काव से नियन्त्रित कर पाये। इसके तमाम लाभ हैं। उदाहरणार्थ कुछ प्रस्तुत हैं।

1. फ़सल में ख़र्च कम
2. उत्पादन ज़्यादा या बराबर
3. पैदावार की क़ीमत ज़्यादा
4. किसान बेचने के अलावा ख़ुद खा भी सकते हैं

ज़रूरत सिर्फ़ स्वस्थ मिट्टी की है। स्वस्थ मिट्टी में जैविक फ़सल उगाकर किसान स्वयं तो समृद्ध होंगे ही जन स्वास्थ्य की भी रक्षा कर सकेंगे।

खण्ड-4

कोविड की 'काल' कोठरी से

तू देख, महामारी का रण

तू देख, महामारी का रण, तू देख चीनियों का संयम।
यूरोप, अमेरिका, ईरान देख गत और अनागत काल देख।।
संक्रमितों से पटी हुई भू है,
पहचान, कहाँ इसमें तू है।
तू सोच ये क्यों आया पल है, तेरी लालच का प्रतिफल है।।

जली होलियाँ हर बरस

जली होलियाँ हर बरस,
फिर भी रहा विषाद।
जीवित निकली होलिका,
जल-जल मरा प्रहलाद।।

वायरस चीनी और नाम मैंडरिन

ओमिक्रॉन (omicron) नाम से घबराइए नहीं, यह ग्रीक वर्णमाला का 15वाँ अक्षर है। अल्फ़ा, बीटा, गामा यह सब उसी वर्णमाला के अक्षर हैं। बहुत जल्दी ही कम-से-कम आप इस वर्णमाला के बाक़ी बचे 9 अक्षरों से भी वाक़िफ़ हो जायेंगे।

कोरोना नाम तो अब लगता है कि अपनी ही भाषा का शब्द होगा। लेकिन ऐसा नहीं है। कुछ लोगों को लगता होगा कि चीनी भाषा (मैंडरिन) का शब्द होगा। लेकिन ऐसा भी बिल्कुल ही नहीं है।

कोरोना ग्रीक भाषा का शब्द है और इसका अर्थ 'धन' होता है। यह बात मैं बस इतना बताने के लिए कह रहा हूँ ताकि आपको यह समझ में आ जाय कि एक सामान्य से मियादी बुख़ार में 20-25 लाख कैसे ख़र्च हो जाता है?

आपको लगता होगा कि ग्रीक भाषा से मेरी दुश्मनी है! तो पहले ही बता दूँ कि दुश्मनी बिल्कुल नहीं है। लेकिन जाने-अनजाने में यह भाषा आर्यावर्त सहित अनेको विदेशी भाषा अपनाने वाले देशों के मानसिक रूप से आज भी ग़ुलाम बने रहने का कारण है।

आपको पता ही होगा कि देश के पढ़े-लिखे लोग संस्कृत का क्लिष्ट और कठिन भाषा होना, अपने संस्कृत नहीं पढ़ने का कारण बताते हैं। लेकिन वही पढ़े-लिखे लोग लैटिन और ग्रीक भाषा के शब्दों की बदौलत अपने विद्वान होने की शेखी बघारते हैं।

तीसरी दुनिया के देशों की शिक्षा व्यवस्था में सबसे ज़्यादा भाषायी शोषण अगर किसी का होता है तो वह चिकित्सक बिरादरी का। देश के दो तिहाई से ज़्यादा डॉक्टरी पढ़ने वाले लोग शुरू के दिनों में हिन्दी या क्षेत्रीय भाषा में पढ़ाई

करते हैं। फिर विज्ञान की पढ़ाई करने के लिए इन्हें अपने जीभ तथा तालु को उलट-पुलट कर विदेशी भाषा सीखनी पड़ती है।

प्रतिभावान होने के कारण पनिशमेंट मिलने का उदाहरण डॉक्टर से बड़ा कोई और हो ही नहीं सकता। बेचारों को दाख़िला लेने के बाद से ही अंग्रेज़ी भाषा के साथ-साथ लैटिन और ग्रीक भाषा का ककहरा पढ़ना पड़ता है। पूरे जीवन काल में इन बेतरतीब और बदसूरत शब्दों को रटते भूलते रहना पड़ता है।

कोरोना काल में आम आदमी का भी लैटिन और ग्रीक भाषा के इन जांबाज़ों से पाला पड़ा है। इनके प्रभाव को खुलकर बताने की हिम्मत मुझमें अभी नहीं है। मैं बस इनके किरदार को इनकी मनोवृत्ति के हिसाब से आपके सामने रखने की हिमाक़त कर रहा हूँ।

आपको भी हाईड्रोक्सिक्लोरोक्वीन, लोपिनाविर, रीटोनाविर, रेमडिसिविर, टौसिलजुमाब के उच्चारण में शुरू में बहुत परेशानी हुई होगी। लेकिन जैसे-जैसे आपके जेब और जान दोनों पर एक साथ डाका पड़ना शुरू हुआ, आप बहुत जल्दी ही इनके ग़ुलाम हो गये। बहुत कम समय में सभी गाँजा और अफ़ीम बेचने वाले डिलिवरी एजेंटों ने इन क्लिष्ट शब्दों को कण्ठस्थ कर लिया। भोले-भाले ही नहीं, होशियारी में पीएचडी करने वाले भी अचानक प्रचारित शब्दों के जाल में फँसकर 2-3 लाख रुपये तक ख़र्च कर दिये।

दवा किस बीमारी में कारगर है? किस में बेअसर है? किस के लिए धीमा ज़हर है? इसके बारे में सही जानकारी रखना आम लोगों के बस की बात नहीं। धरती के भगवानों को भी ठीक से मालूम नहीं, इसलिए इसके प्रभाव को अपनी नियति मान कर स्वीकार कर लीजिए।

लैटिन भाषा में नामकृत जीवन रक्षक वेंटिलेटर की महत्ता को इतने क़रीब से पहली बार आप में से कई लोगों ने जाना होगा। लेकिन यह जान कर आपको आश्चर्य होगा कि इस मंशीन का उपयोग वर्षों से हमारे कुछ सुपरस्पेशिऐलिटी फ़ाइवस्टार हॉस्पिटल वाले व्यवसायी मृत व्यक्ति के तेरहवीं की सही तारीख़ देने के लिए इस्तेमाल करते आ रहे हैं। यह मशीन एक चमत्कारी मशीन है जो हॉस्पिटल के मुनाफ़े की मार्जिन को सही करने में अकेले सक्षम है।

कुछ लोग अगर घर के भेदिया नहीं होते तो आपको कभी पता भी नहीं चलता कि लैटिन और ग्रीक भाषा के बिल्कुल नहीं समझ में आने वाले ये शब्द, हत्या के दोषी हैं या डकैती के। आपको उन सभी सभ्य लोगों का शुक्रगुज़ार होना चाहिए जिन्होंने प्रत्येक लहर के बाद आपको यह बता दिया कि पिछली लहर में जिन दवाओं के माध्यम से आपको लूटा गया वो दवाएँ बेअसरदार थीं।

परलोक वालों से मृत्युलोक वालों का अगर कोई सम्पर्क बचा रहता तो शायद यह भी पता चल जाता कि इन्हीं दवाओं ने इनमें से कई लोगों के परलोकगमन में उत्प्रेरक का काम किया।

ख़ैर छोड़िए, कौन यहाँ लम्बे समय तक जीने के लिए आया है? सबको जाना ही है तो फिर दवा दारू का मज़ा लिए बिना क्यों मरें?

सुगमता से कष्ट झेलने का सामर्थ्य ग़रीब लोगों के पास है इसलिए कोरोना के नये अवतार में सबसे पहले अफ़्रीकी देशों को ही क्वारेंटिन किया गया और सबसे ज़्यादा मार हर बार की तरह ग़रीबों पर ही पड़ी।

मुझे सभ्य लोगों से बस एक ही शिकायत है कि कोरोना जब चाइना से शुरू हुआ तथा उन्होंने ही सबसे पहले उस पर क़ाबू पा लिया तो कोरोना का नामकरण मैंडरिन के अलावा किसी और भाषा के शब्दों से क्यों हो रहा है। यह तो नाइन्साफ़ी है और इसका विरोध करने का मन करता है। बाक़ी वायरस और एंटी वायरस के इस खेल में मेरी कोई दिलचस्पी नहीं है।

भय से भयावह

मेरा अपने एक कोरोना संक्रमित सहयोगी से पहला सम्पर्क था। वह दिन में कम-से-कम चार-पाँच बार मेरे कमरे में आता था। दुर्भाग्यवश उस रोज़ रात को 10.30 बजे पता चला कि वो पॉज़िटिव पाया गया। उसे शरीर में दर्द और थोड़ा बुख़ार भी था।

वह अपने परिवार के चार सदस्यों के साथ एक बड़े अधिकारी के एक कमरे वाले सरवेंट क्वार्टर में रहता है।

पहली समस्या यह थी कि होम आइसोलेशन में वह रह नहीं सकता और हॉस्पिटल वाले उसे रखेंगे नहीं। मालिक के द्वारा घर से निकाले जाने का भी भय था। सफ़दरजंग अस्पताल में उसके लिए एक बेड का इन्तज़ाम हुआ। लेकिन उसको ले जाने के लिए एम्बुलेंस नहीं था। मेरे ड्राइवर ने मास्क पहनकर और विंडो खोलकर स्कॉर्पीओ की पिछली सीट पर उसको बैठाया और उसे हॉस्पिटल पहुँचा दिया।

सभी प्राथमिक सम्पर्क में आये अधिकारी/कर्मचारी नियमों के अनुसार होम आइसोलेशन में थे। हम सभी परिवार सहित पूरी तरह स्वस्थ रहे। मैंने उस दौरान ड्राइवर, कामवाली, रसोइया किसी को नहीं हटाया। सभी कार्यालय के सहयोगी भी पूर्ववत काम करते रहे।

भय बुरा नहीं है। महामारी के दौर में भय आवश्यक भी है। वो हमें सतर्क करता है। लेकिन भय के कारण भयावहता की चादर को इतना न तान दिया जाये कि कार्मिक वर्ग के ऊपर से हम उनकी चादर छीन लें और उन्हें भीषणता के इस दौर में अकेला छोड़ दें। कोरोना के पहले जितनी आपको उसकी ज़रूरत थी, इस समय उसको आपकी ज़रूरत है। इसके बाद फिर आपको

उसकी ज़रूरत पड़ेगी। इसलिए भय मात्र के कारण, मनुष्य धर्म से पूर्णत: किनारा नहीं किया जा सकता। सतर्कता के साथ दूरी बनाकर उसकी मदद करें। अन्यथा भविष्य में किसी भयावह दौर में किसी के भय के कारण हम स्वयं अलग-थलग किये जा सकते हैं। जब महामारी के दौर में जीवन अपनी सम्भावनाएँ खोज ही लेता है, तो मनुष्यता और परस्पर सहयोग की जगह का सर्वथा त्याग कैसे किया जा सकता है ।

पाद के महटीआवन खोंखी

भोजपुरी की एक कहावत है 'पाद के महाटीआवन खोंखी'। यानी दुर्गन्ध फैलाकर खाँसने का बहाना बनाना। इस तरह दुर्गन्ध फैला कर खाँसने वाले लोगों से दुनिया को सतर्क रहने की ज़रूरत है। अमेरिका और यूरोप में कोरोना की नयी लहर की व्याख्या करने वालों के लिए इससे बेहतर मुहावरा नहीं हो सकता है।

आज दुनिया के सातों आश्चर्य इन नये आश्चर्यों के सामने बौने नज़र आ रहे हैं। रिकॉर्ड कम समय में एक वायरस के ख़िलाफ़ इतनी दवा और वैक्सीन बनाने का कीर्तिमान अगर आपने बनाया है तो उससे भी कम समय में वे सभी बेकार भी सिद्ध हो गये हैं।

हाँ, कुछ लाख करोड़ डॉलर आपने ज़रूर सरकारों और आम जनता के बटुए से निकाल लिया। दवा दारू से पैसा बनाकर कुबेर का गोडाउन बनवाना तो आसान है। लेकिन ख़ज़ाने का पैसा निकाल कर यमराज के रनवे (हॉस्पिटल) तक भी पहुँचना नामुमकिन है। काश! यह बात इन पेशेवर वैज्ञानिकों को समझ में आ जाती।

अब समय आ गया है कि वायरस से होने वाली बीमारियों के इलाज के लिए रणनीति बदली जाय। दवा और वैक्सीन को तब तक स्वीकृत न किया जाय जब तक कि यह सिद्ध नहीं हो जाय कि यह वायरस के म्यूटेशन में सहायक नहीं है।

इनफ्लुएंज़ा 100 से अधिक वर्षों से हमारा पीछा क्यों नहीं छोड़ रहा जबकि अनेको वायरस एक-दो साल में चले गये? क्या असन्तुलित जीनोम वाले वायरस से निपटने का कोई दूसरा कारगर उपाय ढूँढ़ने की ज़रूरत नहीं है?

कोरोना की शुरुआत मानव सृजित थी यह बात तो अब कमोबेश सभी मानने लगे हैं। लेकिन वह दिन दूर नहीं जब सब यह भी स्वीकार लेंगे कि इतने कम समय में कोरोना के इतने ख़तरनाक रूपों का प्रकट होना भी मानवीय शैतानी थी।

कोरोना काल में कोरोना हो जाने के भय से हमने अपने शरीर के माइक्रोवाइल ईकोसिस्टम को इस तरह बिगाड़ दिया है कि आज प्रत्येक वायरस भारी पड़ रहा है। दुनिया के सभी क्षेत्रों में बुख़ार से मरने वालों की संख्या में बढ़ोतरी हुई है।

यह बस शुरुआत है अगर समाज ने वायरस आधारित अर्थव्यवस्था (vironomics) में अपना भविष्य देखना नहीं छोड़ा तो साम्राज्यवादियों को विश्वयुद्ध की ज़रूरत ही महसूस नहीं होगी।

क्या पहले भी मानसून वाला वायरल बुख़ार इतनी तबाही मचाता था? इस पर सोचने की ज़रूरत है।

जो डर गया वो मर गया

जब गीदड़ की मौत आती है तब वह शहर की ओर भागता है। शायद कोरोना वायरस की भी मौत आ गयी थी कि उसने भारत में झाँकना शुरू कर दिया।

जितनी प्रतिष्ठा इस नामाकूल वायरस को दुनिया भर में मिली है यहाँ आते ही ख़त्म हो गयी। क्या समझ रखा था इसने हमें? इसकी मारक क्षमता थी ही कितनी?

कुछ लाख से ज़्यादा लोगों को डरा कर केवल कुछेक हज़ार लोगों को मार पाया है। इसका सीधा-सा फंडा था। जो डर गया वो मर गया।

हमारे यहाँ पहले से ही डेंगू, चिकनगुनिया, दिमाग़ी बुख़ार ना जाने कितने कोरोना से भी बलशाली राक्षस हैं जो प्रत्येक साल मौसम बदलने के साथ ही 3-4 हज़ार लोगों को निगल लेते हैं। प्लेग-डायरिया जैसे अनेको राक्षसों से हमारा मुक़ाबला होता रहा है। हज़ारों-लाखों का बलिदान दे दिया लेकिन अपनी आदतों पर अडिग रहे।

ना डरते हैं ना घबराते हैं। वायरस बैक्टीरिया की परवाह किये बिना लोटा-डब्बा लेकर सबेरे दिशा फारिग होने ज़रूर जाते हैं। रेलवे लाइन का सदुपयोग बुलेट ट्रेन वालों को हमसे सीखना चाहिए। शौचालय सरकारी पैसे से बनवाते ज़रूर हैं लेकिन कुछ ही दिनों में उसमें पशुओं का गोबर रखना शुरू कर देते हैं। दुनिया को शायद सरवाइवल ऑफ़ फिटेस्ट बाद में पता चला लेकिन हम सदियों से भगवान भरोसे जनता होटल के सिद्धान्त पर भरोसा करते आये हैं।

गाँवों, क़स्बों यहाँ तक कि बड़े शहरों में आम जनता के लिए अधिकांश होटल नाले के किनारे ही बनाते हैं। हाथ धोने का नल और जलमग्न चबूतरे

भोजन कक्ष में ही एक कोने में बनाने का प्रचलन हमारे स्थापत्यकला का बेजोड़ नमूना है। खाना और साफ़खाना एक जगह होने से ग्राहकों की मनोदशा पर मनोनुकूल प्रभाव पड़ता है।

प्रोबायोटिक खा कर हाज़मा ठीक करना फ़िरंगी लोग अभी हाल में सीखे हैं लेकिन हम सैकड़ों सालों से प्रोबायोटिक गोलगप्पा और फ़ॉर्टिफायड चाट खाते आ रहे हैं।

हम फूड प्रॉसेसिंग के लिए अलग से कोई यूनिट नहीं लगाते हैं। सब्ज़ी हाट में हम अपनी सब्ज़ियों का फ़ॉर्टिफिकेशन कर देते हैं। सड़े-गले सब्ज़ी, फल का गीला कम्पोस्ट बाज़ार में सुलभता से उपलब्ध रहता है। बेचारे कीटाणुओं को सब्ज़ी तक पहुँचने के लिए कोई मशक्कत नहीं करनी पड़ती है।

मछली-मुर्गा-गोश्त का बाज़ार प्रबन्धन तो चीन वालों को हमसे ज़रूर सीखना चाहिए। वुहान वालो! अब भी वक़्त है हमसे सीख लो।

समय रहते आईएनए मार्केट के मांसाहारी मार्केट में आकर कोरोना जैसे वायरस भगाने के उन्नत तकनीक का अध्ययन कर के जाओ नहीं तो बहुत देर हो जायेगी।

हम ऐसा इसलिए करते हैं कि बर्तन धोने के लिए अधिक श्रम नहीं करना पड़े और बचा खाना नाले में विसर्जित कर देने से समय और संसाधन की काफ़ी बचत हो जाती है। हमारा व्यावसायिक सिद्धान्त फिरंगी लोगों को समझ में नहीं आता है।

कीटाणु विषाणु का क्या! चीन, यूरोप, अमेरिका में भी फैलता है यहाँ भी फैलता है। क्या फ़र्क पड़ता है?

यमराज से ज़्यादा यहाँ ब्रह्मा जी की कृपा बरसती है। शमशान की खामोशी को बच्चों की किलकारी कभी हावी नहीं होने देती है। लाखों दुश्मनों के बावजूद करोड़ का सैकड़ा हमने जल्दी पार कर दुनिया में कीर्तिमान बनाया है। हमारी सफलता पर सभी जलते हैं। वायरस भी!

एक बार मेरे सहयोगी का एक बच्चा डेंगू से मर गया। मैं काफ़ी दुखी था। मैंने उन्हें सांत्वना देने का काफ़ी प्रयास किया। उसने रोते हुए कहा, 'बच्चे तो

ऊपरवाले की रहमत हैं लेकिन जाने दीजिए साहब! अभी छह, सात ठो और हैं। ऊपर वाले की रहमत से बुढ़ापे में कोई दिक़्क़त नहीं होगी।'

मुझे उसकी याददाश्त पर थोड़ा ग़ुस्सा ज़रूर आया लेकिन मैंने दाँतों तले उँगली दबा ली और अपनी नादानी पर पश्चात्ताप करने लगा।

दोषी कोरोना को ही करार दिया जाये?

यह एक अदना-सा वायरस है जो सर्दी-खाँसी-बुख़ार फैलाता है। इसका प्रभाव फ़्लू, इनफ्लुएंज़ा के जैसा ही है। यह पश्चिमी अफ्रीकी देशों के Marburg वायरस, Ebola (filovirus) से अलग नहीं है।

डेंगू और चिकनगुनिया तो बच्चों में मैगी-पिज़्ज़ा से ज़्यादा लोकप्रिय हो गया है। जिसका प्रचार ज़्यादा हो गया। ट्विटर पर ट्रेंड कर गया। पत्रकार बन्धुओं को पसन्द आ गया। वह बड़ा दुश्मन हो गया।

fever, headaches, muscle aches, diarrhoea, abdominal pain, nausea and vomiting, haemorrhage etc जैसे लक्षण सभी में मिलते हैं।

जापानी बुख़ार हाल ही में गोरखपुर और मुज़फ़्फ़रपुर में ट्रेंड कर रहा था? बेचारी लीची का बहुत नुक़सान हुआ। सभी प्रबुद्ध वैज्ञानिकों ने लीची पर दोष मढ़ कर छुटकारा पा लिया।

डॉक्टर लोग कौवा, बन्दर, कुत्ते, बिल्ली साँप इत्यादि को दोष देकर अपनी ज़िम्मेदारी से आसानी से बच निकलते हैं। सुदूर बैठे बेज़ुबान जानवरों पर दोष मढ़ कर बच निकलने का सिलसिला बहुत पुराना है।

जानवर प्रकृति के काफ़ी क़रीब रहते हैं। इस तरह के वायरस-बैक्टीरिया इनके साथ सामंजस्य में रहते हैं और इनको ज़्यादा नुक़सान नहीं पहुँचा पाते।

कहावत है–'कौवा कान ले कर भाग गया।'

लेकिन कोई भी अपना कान नहीं देख रहा है! सभी कौवे को दोष दे रहे हैं।

सूर्यास्त के बाद जब जीव-जन्तु आराम करने चले जाते हैं तब एक जानवर सबसे सक्रिय रहता है वह है मनुष्य!

खाने-पीने का समय सूर्योदय के साथ शुरू होना चाहिए और सूर्यास्त के पहले ख़त्म हो जाना चाहिए। लेकिन हम लोग सूर्यास्त के बाद देर रात खाने, पीने को शान समझते हैं।

सबसे कामुक अधिकारी वह है जो शाम को 6 बजे के बाद फ़ाइल पढ़ने बैठता है और रात को 9 बजे मीटिंग बुलाता है। सुबह 9 बजे अपने ड्राइवर चपरासी को गाली देता है। बेचारे छोटे मुलाजिम कभी बुरा नहीं मानते। सोचते हैं कि जब आदमी वायरस से पंगा नहीं ले सकता तो बॉस से क्या ले। किसी तरह जी सर, सॉरी सर कह कर कट निकलता है।

दिमाग़ की बत्ती दिन में जलाइए और अपनी जीवन पद्धति को देखिए। दिमाग़ को ऑक्सीजन चाहिए। हड्डी-पसलियों को सामंजस्य में काम करने के लिए व्यायाम। लेकिन हम दवा-दारू, तम्बाकू से रक्त संचालन को प्रभावित कर क्षणिक सुख पा कर ख़ुश हो जाते हैं।

वायरस और बैक्टीरिया भाई को आपकी कमज़ोरी का पता रहता है। वो भी ब्रह्माण्ड पर उतना ही हक़ समझते हैं जितना कि आप। वो आपको लँगड़ी मार कर निकल जाते हैं।

जिसके शरीर की प्रतिरोधी क्षमता थोड़ी मज़बूत है। वह बच निकलता है बाक़ी के लिए राम नाम सत्य हो जाता है।

कोरोना का आइफोन 11-12 की तरह मज़ा लेना है तो दारू और दवा से ज़्यादा शरीर के कोने-कोने में शुद्ध हवा पहुँचाने का जतन कीजिए। अगर जीने की हसरत है तो कसरत कीजिए। पिज़्ज़ा बर्गर से ज़्यादा दाल-रोटी को तरजीह दीजिए और सही अर्थों में सजीव बने रहिए।

खण्ड-5

यादों के बहाने...

अरुण जेटली

मैं जब भी किसी मोटे बच्चे को पार्क में खेलते देखता था तो सोचता था कि जंक फुड को कम करने के लिए क्या योगदान कर सकता हूँ।

सबसे कनिष्ठ अधिकारी होने के कारण मेरी बात दब जाती थी। लगभग तीन साल तक की मशक़्क़त के बाद एक दिन अरुण जेटली साहब के पास अपनी योजना रखने का अवसर मिला। जिन आशंकाओं के कारण सारे टैक्स एक्सपर्ट शीतल पेय पर अतिरिक्त कर लगाने से परहेज़ करते थे, उनकी शंका को कुछ ही क्षणों में ही वित्त मन्त्री अरुण जेटली साहब ने दूर कर मेरे प्रस्ताव को हरी झण्डी दिखा दी। परिणाम हम लोगों की सोच से कहीं बेहतर था।

पद की गरिमा के अनुरूप बिना पूर्वाग्रह के त्वरित निर्णय लेने के उनके कई उदाहरण हैं। राजनीतिज्ञों के लिए ही नहीं अधिकारियों के लिए वे एक आदर्श थे और हमेशा रहेंगे।

विषय की समझ और सरलता से उसके विश्लेषण की कला के माहिर सभी अधिकारियों में समान रूप से लोकप्रिय श्री अरुण जेटली जी का विकल्प मिलना मुश्किल ही नहीं नामुमकिन है। उनके सान्निध्य में काम करना एक स्वर्णिम अवसर था और उनके काम करने के तरीक़े का अनुकरण एक पेशेवर अधिकारी का लक्ष्य।

जेटली जी के यह जाने की उम्र नहीं थी लेकिन कहा जाता है कि भगवान भी उन्हीं को जल्दी बुला लेते हैं जिनकी यहाँ ज़रूरत होती है। अरुण जेटली का जन्म 28 दिसम्बर, 1952 को दिल्ली में एक पंजाबी ब्राह्मण परिवार में हुआ था, जो भारत के विभाजन के समय लाहौर से आकर बस गये थे।

दिल्ली विश्वविद्यालय के श्रीराम कॉलेज ऑफ़ कॉमर्स से कॉमर्स में

बी.कॉम की ऑनर्स डिग्री और दिल्ली विश्वविद्यालय के विधि संकाय से एल.एल.बी. की डिग्री हासिल करने वाले जेटली जी दिल्ली विश्वविद्यालय छात्र संघ के अध्यक्ष भी रहे। आपातकाल के दौरान वह 19 महीने की अवधि के लिए निवारक नज़रबन्दी में थे। अरुण जेटली जी अब इस दुनिया में नहीं हैं लेकिन उनकी भलमनसाहत वर्षों तक ज़िन्दा रहेगी।

ख़ामोश हो गयी जादुई आवाज़

बचपन में ही मनोमस्तिष्क में विशेष स्थान बना लेने वाली एक ख़ास जादुई आवाज़ अब मौन हो गयी है। पहले डाँट खिलवाया, पिटवाया और आज रुला कर चले गये। यह आवाज़ है रेडियो उद्घोषक अमीन सयानी का। अमीन सयानी की यह दिलकश आवाज़ खामोश होकर अन्तरिक्ष में विलीन हो गयी।

"नमस्कार भाइयो और बहनो! मैं आपका दोस्त अमीन सयानी बोल रहा हूँ।" 42 साल तक अपने इस शानदार अन्दाज़ और सुरमई आवाज़ से लोगों को रेडियो का दीवाना बनाने वाले अमीन सयानी रेडियो के पर्याय बन गये थे। उनकी सुनहरी आवाज़ में वो ख़ूबसूरती और गर्मजोशी थी, जिसने उन्हें कई पीढ़ियों के लोगों से जोड़े रखा।

शाम का समय। पढ़ने का प्राइमटाइम। बच्चे लालटेन की रोशनी में। दादा-दादी-माँ-बाबू जी अँधेरे से बच्चों में अपना भविष्य देखते हुए। चप्पल, बेलन जैसे अस्त्र-शस्त्र, डाँट-डपट और चाँटे की ज़द में रहने के बावजूद रेडियो में बिनाका गीतमाला सुनने का दीवानापन।

पावदान-सावदान जानने का जुनून। इस दुविधा से गुज़रने वाली पीढ़ी की ओर से श्रद्धेय अमीन सयानी जी को भावभीनी श्रद्धांजलि।

❑❑

स्मृति शेष

जो सबको साथ लेकर चलते थे,
पूरी कायनात लेकर चलते थे,
अपने बैच के सूत्रधार थे ,
विभाग में परिवार थे,
और परिवार में संसार थे,
यारों के यार थे,
व्यवहार में निर्विकार थे
फकीराना तबियत थी उनकी ,
बहुत बेबाक लहज़ा था,
मुस्कुराना फितरत थी उनकी,
बहुत शफ्फाक कलेजा था...
दिग्विजय के शख्सियत में
एक इत्मीनान था,
वरिष्ठों के लिए सम्मान था,
और विभाग पर अभिमान था;
काम करने लगे तो करते रहें,
शिद्दत से, लगन से...
बात करने लगें तो करते रहें,
रूबरू हों,या फोन से...
और अचानक दिग्विजय चले गए, अकेले,
अनंत मौन की यात्रा पर...

अब उनके फोन नहीं बजेंगे,
गप्पों का वो दौर नहीं चलेगा...
लेकिन अपने पद चाप की अमिट छाप जो
हमारे मानसपटल पर छोड़ गए हैं
वो कभी मिट नहीं सकती....
दिल में हैं दिग्विजय,
जब ज़रा गर्दन झुकाई,
देख ली !!

आलोक झा
प्रधान आयुक्त, मुंबई सीमा शुल्क

आज कुछ और याद आया नहीं,
मुसलसल तेरी याद आती रही;
सूखी आंखों में कोई अश्क नहीं,
हिचकियां फिर भी आती रहीं।

श्री आलोक शुक्ला
पूर्व सदस्य , सी.बी.आई.सी